Cafetinagem Acadêmica

ASSÉDIO MORAL E AUTOETNOGRAFIA

Igor Valentim

Este trabalho foi financiado por fundos nacionais através da FCT - Fundação para a Ciência e a Tecnologia, I.P., no âmbito do Projeto UIDB/04521/2020 (Portugal).

Este trabalho foi realizado com apoio da FAPERJ – Fundação Carlos Chagas Filho de Amparo à Pesquisa do Estado do Rio de Janeiro, com Bolsa de Bancada para Projetos, no âmbito do Programa Jovem Cientista do Nosso Estado E-26/201.356/2021 (Brasil).

Cafetinagem Acadêmica

ASSÉDIO MORAL E AUTOETNOGRAFIA

Igor Vinicius Lima Valentim

ComPassos Coletivos
2022

ComPassos Coletivos

livros@compassoscoletivos.com.br

Rio de Janeiro | Brasil

Conselho Editorial

Profª. Drª. Alexandra Jochims Kruel (Brasil)
Profª. Drª. Daniele Maria Oliveira de Jesus (Australia)
Prof. Dr. Igor Vinicius Lima Valentim (Brasil)
Prof. Dr. José Maria Carvalho Ferreira (Portugal)
Prof. Dr. Paulo Roberto da Silva (Brasil)
Prof. Dr. Ricardo Luiz Pereira Bueno (Brasil)
Profª. Drª. Simone Torres Evangelista (Brasil)

Primeira edição: fevereiro de 2022
Capa: @o autor

Trechos deste livro podem ser reproduzidos desde que seja citada a fonte e que isso aconteça sem finalidade comercial e/ou lucrativa. Para a reprodução do livro completo é necessária a autorização da editora.

Para citar este livro (ABNT):
VALENTIM, Igor Vinicius Lima. Cafetinagem Acadêmica, Assédio Moral e Autoetnografia. Rio de Janeiro: Compassos Coletivos, 2022.

Catalogação na Publicação (CIP)

V155c
    Valentim, Igor Vinicius Lima
    Cafetinagem acadêmica, assédio moral e autoetnografia / Igor Vinicius Lima Valentim. - Rio de Janeiro: ComPassos Coletivos, 2022.
    xxxxxxx p.
    Inclui referências e índice remissivo.

    ISBN (edição impressa): xxxxxxxxxx
    ISBN (edição e-book EPUB): 978-65-991339-5-4

    1. Educação Superior 2. Universidade 3. Pesquisa Qualitativa 4. Estudos Organizacionais 5. Sociologia I. Título.

                                              CDU 378.4

*Para Elza e Genaro,
minhas eternas referências*

SUMÁRIO

11   **Sobre a (des)organização deste livro**

15   **Academia Careta**

       Este texto não nasceu em forma de livro 20

27   **Autoetnografia**

35   **Cafetinagem Acadêmica**

       Implicações de uma academia cafetinada 44
Como não assinar embaixo da cafetinagem acadêmica 46

53   **Cenas Universitárias**

       O início como professor efetivo em uma universidade pública brasileira 57
O início na UNIV 58
Se fosse um quartel, você estaria preso! 63
Se você não está comigo, você está contra mim! 66
Três alocações diferentes de disciplinas no mesmo semestre acadêmico! 67
De volta ao choque 73
O corpo fala, sente, transborda 77

81   **Entre a Cafetinagem Acadêmica e o Assédio Moral**

SUMÁRIO

Considerações no espelho **91**

Referências **105**

Índice Remissivo **111**

Sobre o autor **123**

1

Sobre a (des)organização deste livro

Este livro é para pessoas que estão abertas a desnaturalizar o cotidiano acadêmico e suas relações. Sem idolatrias.

Nesta obra escrevo cenas e histórias para "quebrar silêncios"[1] a respeito das relações acadêmicas e de assuntos relacionados a elas que muitos conhecem e vivem, mas que pouquíssimos parecem querer discutir abertamente.

Construí diferentes capítulos para que os leitores e as leitoras possam lê-los em qualquer ordem que desejarem, ou mesmo separadamente.

Dito de maneira resumida, o objetivo desta obra é problematizar e desnaturalizar as relações acadêmicas, utilizando dois conceitos como ferramentas para esta aventura: cafetinagem acadêmica e assédio moral.

Em **"Academia Careta"**, construo o que pode ser considerada ao mesmo tempo uma apresentação do livro e uma leitura crítica a respeito da Academia nos tempos atuais, em pleno século 21. Explico um pouco do que me motivou a construir essa obra e, também, de como o material, que agora se apresenta em forma de livro, foi construído desde seus momentos iniciais.

O capítulo **"Autoetnografia"** é dedicado a dialogar com o método utilizado para a investigação e construção desta obra. Trago alguns de seus pressupostos e aprofundo algumas de suas características, em articulação com o conteúdo específico deste livro.

O conceito de **"Cafetinagem Acadêmica"** é desenvolvido e detalhado no capítulo de mesmo nome. Este conceito foi introduzido em artigo anterior[2] e é aqui problematizado e abordado com mais calma, tempo e riqueza de exemplos.

"Cenas Universitárias" tem inspiração provavelmente fictícia e verossímil, com situações que se passam em um universo paralelo, muito distante do que vivemos nas universidades públicas brasileiras. São

---

[1] Adams, Holman Jones e Ellis (2015, p. 103).

[2] Valentim (2016).

estabelecidas pontes com o assédio moral. Qualquer semelhança com a realidade deve ser encarada como provável coincidência.

Já **"Entre a cafetinagem acadêmica e o assédio moral"** usa uma lupa para discutir aspectos da vida acadêmica com o auxílio destes dois conceitos: assédio moral - enquanto face violenta explícita - e cafetinagem acadêmica - enquanto face sedutora soft.

Por fim, nas **"Considerações no espelho"**, discuto a importância da construção de estratégias, propostas e ações para enfrentarmos os desafios vividos na Academia em prol de mundos mais igualitários, justos, saudáveis e alegres.

2

**Academia
Careta**

A Academia é, em geral, careta e conservadora. Muito conservadora. No Brasil e ao redor do mundo. A cada dia me vejo mais convencido de que ela é um reflexo da sociedade que diariamente construímos com nossos valores, crenças e, principalmente, com nossas atitudes.

Toda generalização é imprecisa. Não estou falando de/por todos os integrantes das universidades públicas brasileiras. Não escrevo a respeito de todas e nem de alguma específica. Não tenho pretensão de ser dono "da verdade", única, que valha para todos[1], e muito menos com a qual todos se sintam representados.

Não acredito em verdades absolutas, imutáveis, e menos ainda em uma verdade única, "na verdade". O que faço neste livro, com a ajuda do método autoetnográfico, é refletir a respeito de contextos educacionais universitários e acadêmicos mais amplos a partir do que me afeta, do que vivo, sinto, ouço, vejo e reflito.

O conservadorismo no cotidiano acadêmico se mostra em diferentes aspectos e seria impossível esgotar todos aqui. Mas algumas das suas manifestações, que dialogam com este livro, são relacionadas às relações interpessoais estabelecidas, temáticas trabalhadas, métodos usados, prestígio e poder. E todas essas manifestações se interligam e se retroalimentam.

Com relação às temáticas é, muitas vezes, difícil perceber uma abertura da Academia ao novo. Quem busca estudar ou pesquisar assuntos novos, diferentes, enfrentará em muitos casos severas dificuldades. Seja aluno, professor, ou o que for. Buscar o novo e o diferente traz sempre dificuldades e desafios, em qualquer área da vida. E, no caso do mundo acadêmico, isso é muito presente, pois é sinônimo de desafiar o que está posto e quem está em voga e os 'guardiões' acadêmicos[2].

Se os assuntos de interesse forem - além de novos e/ou diferentes - polêmicos e contiverem necessárias autocríticas ao que se passa na organização à qual os pesquisadores estiverem vinculados, isso será ainda mais difícil e, por vezes, perigoso e doloroso.

Usam-se expedientes tais como dizer que não se pode generalizar (mesmo que ninguém o tenha feito), ou que é perigoso e delicado abordar determinadas coisas, ou ainda que se está contribuindo para a destruição das universidades, embora a intenção seja justamente a oposta, ou seja, a de melhorar e fortalecer as instituições, a Educação e a sociedade.

A Academia lembra, em muitas situações e relações, um círculo pequeno e fechado. Boa parte das pessoas se conhece e há um risco enorme de ser retaliado a partir do momento em que não se aceite jogar determinados jogos.

Por um lado, é visível ao redor do mundo que, hoje, em 2022, há um aumento exponencial de valores, visões de mundo, de sociedade e, consequentemente, de educação, que são fanáticas e ultraconservadoras. Há cada vez mais negacionistas, que simplesmente negam os avanços apresentados pela ciência mundial e disseminam absurdos. Basta ver que, em pleno ano de 2022, ainda há pessoas que consideram que a terra é plana e que não se vacinam, não vacinam seus familiares e ainda se organizam em numerosos movimentos anti-vacinas. E mesmo entre

---

[1] Tenho consciência do caráter machista da língua portuguesa em muitas de suas acepções plurais (por exemplo, usa-se 'os leitores' para fazer referência aos leitores e às leitoras). Faço questão, então, de alertar que os plurais se referem tanto a homens quanto a mulheres, ainda que eu não faça essa ressalva em todas as passagens do livro, apenas com o intuito de não cansar as leitoras e os leitores.

[2] Em língua inglesa, é utilizado o termo gatekeepers para se referir a esses 'guardiões'.

acadêmicos, educadores e cientistas, existem várias pessoas que seguem esses valores, crenças e práticas.

Há, ainda, vários acadêmicos que se enxergam como críticos e progressistas a partir das teorias que professam, estudam e dizem defender, mas que, em suas atitudes e relações, demonstram um enorme abismo entre o que ensinam e como agem, se mostrando conservadores e/ou fechados ao novo, por exemplo, se este novo não vier a partir deles próprios e/ou de seus grupos de amigos e colegas.

Sempre achei mais proveitoso olhar para as práticas, atitudes e para os modos como nos relacionamos, ao invés daquilo que se escreve, leciona ou discursa.

Existem na Academia práticas e atitudes vaidosas, sedutoras, arrogantes, assediadoras, entre tantas outras, que estão presentes em toda e qualquer organização.

Ainda que seja fundamental apontar as responsabilidades de todos no agravamento das crises em escala planetária que vivemos hoje, é bem mais fácil dizer que a culpa é exclusivamente do Banco Mundial, do neoliberalismo, do governo, ou seja, dos outros, ao invés de realizarmos autocríticas construtivas de nossas próprias atitudes em prol de relações (e de um mundo) mais justas, igualitárias e amorosas.

Quando olhamos para métodos de investigação, também há uma intensa batalha. Usar métodos que não são os mais consagrados em determinada área equivale a comprar brigas e entrar em guerras. Também faz parte da Academia um campo de disputas por vaidades, citações, reconhecimento, popularidade, poder, influência. E no meio de tudo isso, a tendência majoritária é a da reprodução, da repetição. Os métodos mais consagrados ganham status de verdades absolutas. Abdicar deles é sempre possível, mas trabalhoso.

No que diz respeito às relações de poder na Academia, no parágrafo anterior já delineei algumas das situações. Tudo isso está ligado, em algum grau, ao prestígio, a disputas, à competição. E como quem não pensa igual e não se alia é, em várias relações, tratado como inimigo, alguns buscam diminuir e/ou desqualificar os colegas e seus trabalhos.

Como já mencionei, de maneira resumida, o objetivo deste livro é problematizar e desnaturalizar as relações acadêmicas, utilizando dois conceitos como ferramentas para esta aventura: cafetinagem acadêmica e assédio moral.

Estou plenamente consciente de que as relações acadêmicas e o cotidiano dentro de uma universidade não se resumem à cafetinagem acadêmica e ao assédio moral. Portanto, repito o que disse anteriormente: não há aqui generalização de todas as relações estabelecidas nas universidades. Este livro não é um mapeamento de tudo o que acontece nas relações acadêmicas.

Uso aqui os conceitos de cafetinagem acadêmica e de assédio moral como lentes para refletir a respeito do que construímos diariamente, inclusive, com nossos silêncios, enquanto participantes de comunidades acadêmicas. Isso não invalida infinitas outras possibilidades de análise.

A investigação aqui encontrada por leitores e leitoras vem se somar a discussões a respeito das relações acadêmicas que, diga-se de passagem, são escassas, raras[3].

---

[3] Dentre elas: Ferreira (2014) e Evangelista (2017).

Este texto não nasceu em forma de livro

O conteúdo aqui apresentado não começou a ser escrito no formato de um livro. Inicialmente, escrevi um artigo, em português, para problematizar as relações acadêmicas no contexto de uma universidade pública brasileira.

Busquei dar atenção às experiências, ao que muitas vezes é naturalizado e/ou dito apenas nos corredores e bastidores. Utilizei referenciais como Foucault, Deleuze e Guattari para analisar as subjetividades produzidas nos cotidianos da Academia, e o método autoetnográfico para questionar os modos como nos relacionamos na universidade e os impactos dessas relações, não apenas no trabalho em si, mas também na própria saúde das pessoas envolvidas.

Eu precisava compartilhar, trazer para a discussão questões silenciadas, relacioná-las com contextos mais amplos e reler o mundo a partir do que trazia. Refletir a respeito do que construímos na Academia e que, muitas vezes, é silenciado ou fica apenas em conversas de bastidores.

Por que, então, construí este material mais extenso, detalhado e aprofundado, em formato de livro, ao invés de publicá-lo na forma e com o conteúdo iniciais?

Quando o material inicial estava pronto em formato de artigo, aquele era o momento de decidir para qual revista submetê-lo. Realizei uma cuidadosa análise de potenciais periódicos antes da submissão, o que considero importante, especialmente em casos de textos com abordagens, métodos e conteúdos polêmicos ou não tradicionais, como o que eu tinha acabado de escrever.

Fiz uma primeira triagem pela área de conhecimento da Educação Superior. Busquei oito periódicos em português. Afunilei a seleção lendo os sites de todos eles, com cuidadosa atenção às seções de objetivos e escopo. Eliminei alguns com os quais não me identifiquei: não pareciam adequados para o texto e para o que eu queria com o meu texto.

> *Qual desses periódicos estaria interessado em publicar um artigo com temas polêmicos e delicados sobre a universidade? E que fosse, ao mesmo tempo, um periódico que eu teria vontade de ler?*

Essas foram as minhas perguntas-guia. Cheguei a uma seleção final com três periódicos. Escrevi um e-mail curto para os editores, explicando que já tinha lido todas as diretrizes nos respectivos sites e que gostaria de confirmar se realmente um artigo com o tema das relações acadêmicas em uma universidade pública, escrito com o método autoetnográfico, poderia ser interessante para o periódico naquele momento.

A partir das respostas recebidas, selecionei um periódico brasileiro considerado de primeira linha na área da Educação, onde inclusive eu já tinha publicado anteriormente e do qual sou parecerista e leitor. Adequei às particularidades solicitadas com relação à forma e submeti o texto. Aí é que a história começou a ficar interessante.

Depois de mais de seis meses desde a submissão, eu ainda estava sem notícia alguma.

Escrevi para a secretaria da revista e para o editor designado, com o intuito de saber o que estava acontecendo. Não recebi resposta, mas pelo sistema eletrônico da revista reparei que o editor responsável pela minha submissão foi trocado após o meu contato.

Aguardei mais alguns meses e, depois de quinze meses, ou seja, depois de um ano e três meses da submissão inicial, recebi uma resposta muito estranha e que, como parecerista da própria revista, foi surpreendente:

> Prezado autor,
>
> comunicamos que seu artigo, após ser avaliado por dois pareceristas, não foi recomendado para ser publicado. A síntese dos pareceres encontra-se abaixo. Ficamos à disposição para quaisquer esclarecimentos e esperamos receber outros artigos seus no futuro.

Fui em busca dos pareceres para melhorar o texto, como é de praxe quando realizamos alguma submissão a periódico. Dificilmente um texto atinge sua potencialidade já na primeira versão.

Subi a mensagem, desci, mexi em todo o sistema de submissão da revista...

> *Onde estão as avaliações dos dois pareceristas? Estou procurando até agora!*

Na verdade, como mostra a tela abaixo reproduzida, o sistema da revista não deixava nenhuma dúvida: sequer havia sido iniciada a rodada de avaliação por parte dos pareceristas.

Avaliação - Rodada 1	
Versão para avaliação	(data da submissão)
Iniciado	—
Última alteração	—
Arquivo enviado	Nenhum(a)

Em todas as vezes anteriores que havia enviado artigos para esse periódico, eu tinha acesso aos pareceres dos dois ou três avaliadores no sistema eletrônico. Entretanto, desta vez, nenhum dos pareceres estava disponível. Logo, como poderiam falar em "síntese de pareceres" se não havia nenhum parecer registrado no sistema e nem enviado para o autor da submissão?

O que ficou claro é que o texto recebeu um autêntico *desk reject*[4] disfarçado de "síntese de pareceres". Quando um artigo é submetido a um periódico, sua rejeição por parte dos editores é perfeitamente possível e relativamente comum. Ou seja, os editores podem rejeitar um texto antes mesmo de enviá-lo para pareceristas, e isso acontece com relativa frequência em muitos periódicos ao redor do mundo. Então por que dizer que o texto recebeu avaliações, pareceres, no plural, quando estes não são apresentados? Por que utilizar esse tipo de expediente?

Não obstante, a justificativa da negativa enviada pelo editor mostrou um completo desconhecimento do método utilizado, bem como um completo fechamento ao novo, ao diferente:

> *"a análise se reduz aos aspectos muito pessoais e particulares, sem produzir "teoria" a partir disso".*

Já recebi diversos pareceres positivos e negativos na minha trajetória profissional. No caso específico dessa submissão, fiquei aguardando as sugestões de melhoria para o manuscrito. A falta de críticas construtivas foi um desapontamento, mas não a motivação principal de minha perplexidade.

Como expliquei acima, o pior para mim, nesse episódio, foi a maneira de tratar o texto, que incluiu a péssima comunicação entre secretaria do periódico, editor e autor e, principalmente, a falta de cuidado com o que sustenta o periódico: os textos submetidos. Esperar mais de um ano e tratar contribuições para o periódico desta forma? Perdi a alegria de seguir contribuindo com a revista.

> *Como podemos deixar as relações acadêmicas mais transparentes e abertas? Queremos isso enquanto acadêmicos?*

O que estamos construindo na universidade pelo modo como nos relacionamos e pela forma como nos tratamos? Que valores estamos (re)afirmando e que atitudes estamos estimulando?

Resolvi enviar o artigo para outro periódico, o segundo na lista que eu havia elaborado com aqueles que tinham linha editorial crítica na área da Educação, e que tivessem o costume de publicar textos relacionados à universidade.

Nesse segundo periódico, o tratamento recebido foi bastante diferente. O artigo também não foi enviado para pareceristas, sendo rejeitado diretamente pelo editor da revista por questões relacionadas ao estilo e a supostas generalizações e conclusões "abertas demais". Mas essa etapa

---

[4] Quando o próprio editor do periódico rejeita o texto submetido, antes mesmo de enviá-lo a pareceristas.

durou menos de quatro meses.

Independentemente da minha avaliação sobre o parecer recebido, agradeci e respeitei a postura do editor em ser transparente e não tentar disfarçar o seu *desk reject* como se fossem avaliações de pareceristas externos. Isso é sinal de transparência.

O artigo estava ruim? O conteúdo não era interessante? Ou as rejeições por parte dos dois periódicos estavam ligadas ao tema crítico e polêmico do texto, que olhava para dentro da própria Academia brasileira? É possível analisar criticamente a Academia de dentro dela própria? Este tipo de atitude é bem aceito?

Com vistas a testar essas dúvidas e a ampliar o alcance da discussão, resolvi elaborar uma versão internacional do artigo, adaptada para um público mundial. Uma versão bastante distinta da inicial devido à toda a necessidade de contextualizações, apresentações e caracterizações para leitores e leitoras que não necessariamente conhecem a respeito da Educação Superior pública brasileira.

Depois de pronta, realizei a mesma busca por periódicos que expliquei anteriormente, mas agora para revistas de alcance mundial, em inglês. Incluí nesta busca apenas periódicos que estivessem indexados nas bases internacionais de maior reputação acadêmica, tais como Scopus e/ou JCR. Enviei para a revista que se mostrou mais alinhada ao tema do texto, da mesma forma como havia feito, anteriormente, com a versão brasileira. O artigo internacional foi aceito de primeira, sem que fossem solicitadas mudanças significativas em seu conteúdo, após a avaliação do editor e de dois pareceristas.

Sou brasileiro e penso que é fundamental que a comunidade acadêmica lusófona não fique de fora do debate das questões suscitadas neste livro.

Resolvi pegar o material base e retrabalhá-lo, reescrevê-lo, problematizá-lo, ampliá-lo, transformá-lo e compartilhá-lo, agora em formato de livro, em português, sem alterar o objetivo inicial que eu tinha: **com o uso da cafetinagem acadêmica e do assédio enquanto lentes e da autoetnografia enquanto método, problematizar e desnaturalizar o cotidiano acadêmico e suas relações, sem idolatrias, em busca de universidades públicas e de sociedades mais alegres, justas, igualitárias e solidárias.**

3

Autoetnografia

Não trago neste livro qualquer tipo de generalização. Toda escrita é parcial, localizada, intencional e, também, política! O que leitores e leitoras aqui encontram são verdades circunstanciais, efêmeras, transitórias, momentâneas, cambiáveis e, portanto, em nada absolutas.

Ainda que esta obra não se dedique a aprofundar discussões específicas ligadas a métodos de pesquisa, é importante trazer algumas considerações sobre aquele que aqui utilizo.

Escrevo com passagens narradas em primeira pessoa, cenas, diálogos, pensamentos, sentimentos, letras de músicas, desejos, análises.

Conecto experiências, reflexões e afetações com questões culturais e temáticas sociais e políticas mais amplas. As histórias aqui contidas não são um exercício de ego ou de vaidade e, portanto, não se encerram em mim mesmo. Uso essas histórias para analisar o que construímos enquanto universidades públicas. Enquanto sociedades. Enquanto mundos. Ou seja, ao usar o 'pessoal' para discutir aspectos culturais e sociais mais amplos, aproximo-me da autoetnografia.

A autoetnografia vem sendo utilizada em língua inglesa há algumas décadas. Nos últimos dez anos, o número de trabalhos que fazem uso do método, inclusive no Brasil[1], vem aumentando exponencialmente.

É interessante observar como a autoetnografia não está restrita a disciplinas como a Antropologia e/ou a Sociologia, já que vem sendo muito utilizada em áreas como a Comunicação, Estudos Culturais, para além de temas/assuntos trans e multidisciplinares como estudos organizacionais, decoloniais, de gênero, relativos a traumas, entre outros.

Autoetnografias podem ser elaboradas a partir de experiências, pensamentos, afetos. Com aquilo que nos traz dúvidas e incertezas[2], nos move, mobiliza, desassossega e, por vezes, nos tira de nossas zonas de conforto.

---

[1] Alguns dos exemplos incluem Versiani (2005), Bossle e Molina Neto (2009), Valentim (2016), Ono (2017), Gama (2020), Valentim, Moreira e Gonçalves (2021).

[2] Valentim (2018a).

Na construção de uma autoetnografia, é possível que nos questionemos a respeito de nós mesmos e de nossos mundos[3]. Esta postura pode, inclusive, ser tratada como um indicador a respeito da qualidade de uma autoetnografia: **em que medida os autores questionam criticamente seus valores, pressupostos e atitudes?**

Gosto muito de quando Jorge Larrosa pondera que escrever "é colocar-se em movimento, é sair sempre para além de si mesmo, é manter sempre aberta a interrogação acerca do que se é"[4].

A partir do momento em que peças[5] autoetnográficas estão ligadas à uma análise de contextos mais amplos a partir de experiências, memórias, cenas, valores, atitudes, das formas como nos enxergamos e aos demais, das maneiras como nos relacionamos e de como sentimos, é possível considerar que elas estão conectadas ao conceito de subjetividade[6].

Como Michel Foucault já pontuou[7], as subjetividades estão relacionadas às formas como os sujeitos fazem experiência de si. Logo, não são dadas ou pré-concebidas, mas construídas, aprendidas, "fabricadas", "modeladas". É por isso que o filósofo francês Gilles Deleuze dizia que "a subjetivação é a produção dos modos de existência ou estilos de vida"[8].

Ora, mas se autoetnografias reconhecem a importância e estão diretamente ligadas às subjetividades, não há como falar em neutralidade quando se usa este método.

Nas origens da etnografia, houve (e ainda há para muitos antropólogos e sociólogos) uma associação entre a qualidade de uma pesquisa e a preocupação em descrever e retratar da maneira mais neutra e fiel possível um contexto

---

3   Adams, Holman Jones e Ellis (2015, p. 47).

4   Larrosa (2015, p. 40).

5   Por que falei em "peças autoetnográficas" e não em textos autoetnográficos? Existem várias produções autoetnográficas que assumem as formas mais diversas, tais como performances, poemas, clipes, filmes, documentários, bem como textos com formatos diferentes.

6   Versiani (2005).

7   Foucault (1999).

8   Deleuze (1992, p. 142).

encontrado pelo observador/etnógrafo. Uma estrita e rigorosa separação entre o observador e o que é observado. Com o método autoetnográfico, isso perde o sentido.

Este livro não traz a descrição fiel de um passado vivido ou de situações e fenômenos necessariamente experimentados. As cenas, histórias e narrativas podem ter tido sua produção inspirada por situações vivenciadas, ou não: em uma autoetnografia – e, portanto, também aqui neste livro – não existe a preocupação com a veracidade e menos ainda com a linearidade dessas histórias.

O que quero dizer de maneira clara é que o que alguns chamariam de "validação" ou "critério de validade" de uma autoetnografia está na sua verossimilhança, ou seja, na possibilidade de aquilo que é narrado possa ser verídico, possa ter acontecido, estar acontecendo, ou vir a acontecer, independentemente de ter sido ou não. Não entra em questão a representação o mais fiel possível de um passado em relação ao modo como ele foi vivido, ou de uma realidade externa aos pesquisadores e pesquisadoras. Não há um outro a ser descrito 'tal como é', *déjà-là*, à espera dos pesquisadores e pronto para ser olhado com neutralidade.

Reforço que este livro não foi construído com cenas que aconteceram de determinada maneira, com uma realidade fielmente descrita, mas sim com a possibilidade de que as cenas narradas e as histórias construídas possam ter acontecido, estar acontecendo ou virem a acontecer. Verossímil: aquilo que parece verdadeiro, possível, provável, plausível[9].

A verossimilhança, na forma como é tratada aqui, opera de maneira oposta à noção de semelhança criticada por Michel Foucault quando ele considera que esta tem um 'padrão': "que ordena e hierarquiza a partir de si todas as cópias, cada vez mais fracas, que podem ser tiradas. Assemelhar significa uma referência primeira que prescreve e classifica"[10].

Portanto, é dessa semelhança enquanto critério hierarquizador que

---

9   Dicionário Houaiss da Língua Portuguesa.
10 Foucault (2008, p. 60-61).

fujo ao escrever uma autoetnografia. Cai por terra, repito, a ideia de que a validação da pesquisa está vinculada a uma ideia neutra, de uma descrição fiel "do que houve". E, na medida em que o valor e o rigor de uma autoetnografia não estão atrelados à medida da veracidade ou da facticidade, uma forma de potencializar sua verossimilhança está ligada à seleção dos detalhes, metáforas[11] e de localizarmos as histórias escritas em contextos mais amplos.

> *Quem, além de mim, tem mais direito a interpretar minhas experiências em um momento histórico específico em relação aos outros que tocam/afetam minha vida?*[12]

As narrativas construídas nesta obra são atravessadas por músicas, cenas, possíveis ligações telefônicas e e-mails, bem como afetações produzidas nos mais diversos encontros da vida. Recursos de produção textual utilizados em função de um possível indicador de qualidade autoetnográfico: **mostrar, e não apenas contar ou descrever**.

Elaboro neste livro cenas situadas e, portanto, "sempre parciais, incompletas e cheias de silêncios, escritas em um tempo particular, para um propósito particular e um público particular"[13].

Em peças autoetnográficas, mesmo cenas que podem ser compreendidas como de caráter descritivo são construídas e incluídas com o propósito de afetar, seja pelo que provoca nos próprios autores, seja no que podem produzir em seu público. A ideia é substituir perguntas do tipo "isso é verdadeiro?", por outras, como por exemplo: "que efeitos essa verdade produz?"[14]

Um outro ponto que levo em conta quando lido com uma autoetnografia é seu objetivo ético-estético-político explicitamente declarado: não apenas compartilhar histórias, mas, a partir delas, suscitar/estimular/produzir reflexões, questionamentos, incertezas, rupturas, brechas, ações. Nesse caminho, outro

---

11 Richardson (1997, p. 77).
12 Diversi e Moreira (2009, p. 79).
13 Ellis (2009, p. 13).
14 Veiga-Neto e Lopes (2010, p. 35).

possível indicador da qualidade de uma autoetnografia pode estar ligado ao que está por vir, àquilo que ela pode construir, produzir, suscitar. Como expliquei em outro trabalho,

> [o] conceito de rigor acadêmico está ligado, aqui, ao potencial de afetação do texto: como ele pode afetar, produzindo novas reflexões, angústias e inquietações que conduzam a ações? Rigor ligado à produção de desassossegos[15].

Busco estar atento à questão da produção de subjetividades nas relações acadêmicas e, com este livro, quero contribuir para o questionamento dos modos como nos relacionamos na universidade e seus impactos não apenas no trabalho em si, mas na nossa própria saúde e subjetividade.

Por todas as razões acima explicadas, somadas às preocupações éticas, faço o uso de nomes fictícios em todas as cenas para todos os cursos, pessoas, instituições e mesmo disciplinas. Esta opção não altera os objetivos políticos e pedagógicos do livro e faz com o que foco não seja desviado do objetivo principal.

Por fim, uma preocupação que tenho em tudo que escrevo e publico é, ao menos, tentar com que a linguagem seja o mais espontânea possível. Algumas pessoas dizem, em tom depreciativo, que a linguagem do que escrevo é coloquial. Não me incomodo. Na verdade, busco, de fato, isso. De que adianta um texto que quase ninguém entende o que está escrito?

---

15 Valentim (2018b, p. 268).

4

Cafetinagem Acadêmica

Por que você pesquisa o que pesquisa?

Por que leciona o que leciona?

Por que escreve o que escreve?

Por que escreve como escreve?

Por que publica o que (e onde) publica?

Quais os seus objetivos?

Qual a sua imagem de sucesso acadêmico?

O que te seduz?

Cafetinagem Acadêmica | 37

Antes de tratar especificamente da cafetinagem em sua modalidade acadêmica, é importante compartilhar, com as leitoras e os leitores, minha inspiração para chegar a esse conceito.

A brasileira Suely Rolnik discorreu[1] a respeito da **geopolítica da cafetinagem**, inicialmente ligada à questão artística. De acordo com seu texto, muitos dos protagonistas de movimentos de décadas passadas caíram na armadilha de se deslumbrarem com o

> *entronamento de sua força de criação e de sua atitude transgressiva e experimental – até então estigmatizadas e confinadas na marginalidade –, e fascinados com o prestígio de sua imagem na mídia e com os polpudos salários recém-conquistados, entregaram-se voluntariamente à sua cafetinagem. Muitos deles tornaram-se os próprios criadores e concretizadores do mundo fabricado para e pelo capitalismo nesta sua nova roupagem. Esta confusão decorre sem dúvida da política de desejo própria à* ***cafetinagem das forças subjetivas e de criação. Um tipo de relação de poder que se dá basicamente por meio do feitiço da sedução. O sedutor convoca no seduzido uma idealização que o sidera: este último identifica-se então com o agressor e a ele se submete, impulsionado por seu próprio desejo, na esperança de ser digno de pertencer a seu mundo***[2].

Os seduzidos se identificam com os sedutores e com seus mundos, motivados por desejos de reconhecimento e de admissão: querem ser admitidos... querem pertencer a esses mundos!

A pessoa seduzida se entrega voluntariamente ao(s) sedutor(es), reproduzindo até mesmo atitudes e comportamentos antes criticados, na esperança de conseguir "chegar lá"; na expectativa de ser reconhecido e admitido ao mundo do sedutor.

Dito de outro modo, o que ocorre é uma cafetinagem de forças de criação de mundos e sentidos, que opera pelo feitiço da sedução. Uma cafetinagem

---

1   Rolnik (2006b).

2   Rolnik (2006b, p. 6, grifos meus).

das forças e dos desejos relacionados à invenção, à criação e à produção de mundos existenciais, valores e subjetividades.

Como mencionei no capítulo "Autoetnografia", as subjetividades estão relacionadas a como os sujeitos fazem experiência de si[3], e não são dadas ou pré-concebidas, mas construídas, aprendidas, "fabricadas", "modeladas": "a subjetivação é a produção dos modos de existência ou estilos de vida"[4].

É interessante reparar que as imagens de sucesso que cultivamos, bem como as formas de buscar atingí-las, dialogam plenamente com o conceito de subjetividade, ou seja, com nossos valores, atitudes, modos de sentir, ver, nos relacionar: com nossos modos de existência e estilos de vida.

Quando li o texto[5] de Suely Rolnik acima mencionado pela primeira vez, imediatamente enxerguei e revivi diversos momentos que enfrentei na minha trajetória acadêmica.

Ótimo conceito para o mundo acadêmico:

cafetinagem acadêmica!

A cafetinagem acadêmica é motivada por desejos de reconhecimento e admissão ao mundo do sedutor, que convoca no seduzido uma idealização que passa a ser desejada: quer ser admitido no mundo do sedutor! É, portanto, baseada em sedução, e pode incluir também adoração e admiração.

O acadêmico seduzido às vezes se identifica com o sedutor, mas, mesmo nos casos em que essa identificação não ocorre, a vontade de pertencimento ao seu mundo ainda está presente e, com ela, ocorre a entrega voluntária com vistas a ser admitido, a fazer parte do contexto desejado.

Em um trabalho anterior[6] compartilhei uma experiência que me fez refletir

---

[3] Foucault (1999).

[4] Deleuze (1992, p. 142).

[5] Rolnik (2006b).

[6] Valentim (2016).

bastante a respeito da cafetinagem em sua modalidade acadêmica. De maneira resumida, submeti um projeto a um edital para pesquisar as relações acadêmicas. O projeto não foi contemplado por uma margem mínima de pontuação e o avaliador justificou a negativa com a alegação que investigar as relações dentro da própria universidade poderia, entre outras coisas, causar constrangimentos.

Ou seja, não estava em questão o mérito do projeto em si, sua qualidade, seu método, e muito menos suas contribuições e impactos para a sociedade, mas sim os potenciais constrangimentos ao se pesquisar o que acontece no cotidiano da Academia. Ficou a dúvida:

> *por que olhar para as relações acadêmicas causaria constrangimento?*

No que essa experiência acima tem a ver com a cafetinagem acadêmica? Ainda é muito presente nas universidades o que Pierre Bourdieu chamou[7] de heteronomia na produção de ciência: diversas pesquisas e as próprias subjetividades de investigadores e aspirantes são moldadas para que só se possa ter como objetivos e interesses – bem como caminhos para alcançá-los – aqueles pré-estabelecidos e considerados válidos por outros.

Se, para atingir meu ideal de sucesso acadêmico, eu considerasse necessário conseguir sucesso no edital que citei anteriormente, o que eu deveria fazer? Como deveria me comportar? Que implicações esse desejo traria?

Quem quer pesquisar certo tipo de assunto pode fazê-lo, mas, em alguns casos, não encontrará apoio. Talvez sofra, inclusive, retaliações. Em outras palavras, ou pesquiso aquilo que outros desejam, ou ajo e me comporto como outros esperam, ou então toda a responsabilidade de conseguir apoio e recursos passa a ser única e exclusivamente minha, estando sujeito, ainda, a ser deixado de lado e até mesmo perseguido e/ou retaliado em alguns casos.

Em mais detalhes, como a sedução acontece? Como ela é operacionalizada?

---

[7] Bourdieu (2006).

A cafetinagem acadêmica tem uma ligação direta com a figura do aspirante, que deseja pertencer ao mundo do sedutor, do ídolo, e que se entrega voluntariamente e com todas as suas forças ao que parece ser necessário para fazer jus a pertencer aos mundos do sedutor.

Ao pensar no *modus operandi* da sedução operada na cafetinagem acadêmica, ou seja, no modo como ela é posta em prática, é interessante reparar como, às vezes, ela está disfarçada de **bons conselhos**.

O sedutor aconselha o aspirante em potencial a respeito de determinada ação como sendo a mais recomendada em determinada situação, avisando-o que isso muito ajudará em sua vida profissional acadêmica.

> *Esse projeto de pesquisa vai te trazer muita dor de cabeça. Você está mexendo num vespeiro. Não é melhor pensar em algo menos polêmico, mais alegre? Vai ter mais chances de conseguir algum financiamento e te queimará menos!*

> *Para você se credenciar como professor no Programa de Pós-Graduação, você precisa lecionar algumas das disciplinas obrigatórias (que ninguém que entrou antes de você no Programa quer lecionar).*

> *Estamos precisando de alguém pra assumir a chefia do departamento. Isso é uma necessidade nossa. Todos precisam assumir. Isso vai ser ótimo para a sua carreira. Você vai aprender muito, vai ganhar ótima visibilidade. Por que você não se candidata? (na prática, só as mesmas pessoas de sempre assumem, já que a função é vista por muitos como um pedágio a ser pago pelos menos influentes).*

Se nos exemplos citados acima os 'conselhos' aparecem em relações entre colegas professores, outras 'sugestões' e recomendações aparecem também em relações ligadas à orientação acadêmica, quer seja de iniciação científica, extensão, monografia, mestrado, doutorado, entre outras.

> *Eu sou o seu orientador. Então, todos os trabalhos que você escrever durante o mestrado ou o doutorado, relacionados à sua dissertação ou tese, têm de ter o meu nome como coautor, sejam artigos, apresentações em congressos, ou o que for. Isso é um sinal de reconhecimento do trabalho do orientador e vai dar muito mais credibilidade ao seu trabalho.*
>
> *Temos uma oportunidade maravilhosa de publicar a sua dissertação em forma de livro pela editora da universidade. Seu nome vai como primeiro autor (e o da sedutora, enquanto orientadora, como coautora, mesmo sem ela ter escrito nenhum capítulo do livro, que é a dissertação do orientando).*
>
> *Esse método que você está querendo usar não tem validade científica nenhuma. Vai ser muito difícil argumentar isso perante a banca. Por que você não usa este outro (o que eu uso)?*
>
> *A banca dos concursos vai ver com ótimos olhos se você tiver vários textos publicados junto com seu orientador. Isso mostra credibilidade. Publicou com alguém sênior.*

As formas acima não englobam todas as possibilidades de sedução ligadas à sedução e à cafetinagem acadêmica. São apenas alguns exemplos, dentre aqueles talvez mais corriqueiros e naturalizados. E, como pode ser percebido, elas se misturam, se entrecruzam, se sobrepõem.

O ato de escrever as 'recomendações' acima produz em mim um misto de enjoo e desgosto. Como tantos absurdos podem ser naturalizados em inúmeras relações acadêmicas?

Lembro-me de quando fui chamado por um colega de universidade de 'o cara da cafetinagem', por ter aprovado um projeto de pesquisa ligado à temática aqui desenvolvida: "você se torna as estórias que você escreve"[8].

> *o que modera e domestica é a virtude; assim fizeram do lobo um cão e do próprio homem o melhor animal doméstico do homem.* "Nós colocamos a nossa caldeira mesmo no meio, — assim me confessa o seu sorriso — a igual distância dos gladiadores moribundos e dos imundos suínos". *Isto, porém, é mediocridade, embora lhe chamem moderação*[9].

Já que opera pela sedução, a cafetinagem acadêmica não está ligada à força bruta ou à violência explícita. O sedutor **não exige** algo do seduzido. Nesta modalidade mais soft-sedutora, um sedutor-orientador, como visto no exemplo acima, explica ao seduzido-orientando que, na cultura acadêmica, é importante que ele coloque sempre o nome do orientador como coautor no que ele escreve, mesmo que o orientador não saiba do que se trata e nem tenha escrito uma linha sequer do trabalho. E o orientando age de acordo com o que lhe foi sugerido com a intenção de pertencer ao mundo do orientador-ídolo, de ser um 'acadêmico de sucesso', de não ter portas fechadas, entre outras tantas possibilidades. Assim, muitas vezes, passa, inclusive, a recomendar aos seus colegas que façam o mesmo.

A partir da identificação com modelos e imagens de sucesso e reconhecimento, o seduzido deseja ser como os acadêmicos de sucesso com os quais se identifica, com os quais tem como ídolos: "o seduzido é impulsionado pelo seu próprio desejo, na esperança de ser digno de pertencer"[10] ao mundo do sedutor.

Os seduzidos precisam encontrar prazer, satisfação, "vantagens ou justificativas"[11] em serem conduzidos, em passarem a eles próprios quererem agir de acordo com o que os sedutores desejam, estimulam e esperam dele: pesquisar, escrever, agir ou mesmo perguntar o que outros querem e de

---

8   Adams, Holman Jones e Ellis (2015, p. 65).

9   Nietzsche (2013, localização 2654).

10   Rolnik (2006b, p. 6).

11   Carvalho e Gallo (2010, p. 293).

acordo com as expectativas de outrem, na esperança de conseguir acesso ao tão desejado mundo dos sedutores. E isso se converte no desejo do próprio seduzido!

> *A educação configura-se, pois, como uma arena na qual forças conflitantes se digladiam; o condutor precisa 'dobrar a vontade' do conduzido, precisa amansá-lo, transformar a ave de rapina em animal doméstico, como afirmou o Nietzsche (1998, p. 33) de Genealogia da Moral.* **O conduzido, por sua vez, precisa deixar-se conduzir, ainda que resista em alguns momentos; precisa encontrar vantagens ou justificativas em deixar-se conduzir**[12].

Mesmo em posições de destaque, podemos vir a desejar submeter-nos aos caprichos das 'panelinhas acadêmicas' para termos acesso às recompensas por pertencer a determinados grupos, ainda que isso signifique lecionar disciplinas que anteriormente não teriam nada a ver com nossas competências, interesses ou desejos; ainda que isso possa significar realizar projetos de pesquisa com os quais anteriormente não compartilhávamos nenhuma afinidade; agir deste ou daquele modo para ficar 'bem na fita' com a Direção, Reitoria, Ministério da Educação ou quaisquer outros ocupantes de cargos-chave, entre tantas outras seduções apresentadas, a nós, por sedutores 'mais antigos' e as quais naturalizamos, incorporamos e passamos a reproduzir.

Implicações de uma academia cafetinada

Quais são as implicações de uma Academia baseada na cafetinagem? O que isso implica em termos de atitudes, cotidiano, relações, desejos e subjetividades?

Repetição.

Súditos.

Aspirantes.

Ídolos.

---

12   Carvalho e Gallo (2010, p. 293).

Nossas forças de invenção, de criação, são canalizadas no sentido do que é esperado de nós, ou melhor, do que pensamos ser necessário para termos acesso aos mundos desejados. **Passamos a desejar o que esperam e estimulam que desejemos!**

Eu passo a desejar fazer parte de determinado mundo, me entrego voluntariamente ao que é esperado, aquilo se naturaliza em mim... eu me submeto! Submeto um projeto, e me submeto, por desejo de fazer parte daquele mundo.

Lembro-me das palavras de Nietzsche, quando ele afirma que tudo o que até agora chamamos de verdade, acaba sendo reconhecido como prejudicial, pérfida e subterrânea forma da mentira: "o pretexto sagrado de tornar 'melhor' a humanidade surge como a astúcia para esgotar a própria vida, para a tornar anêmica. A moral como vampirismo"[13]. A moral vampírica da cafetinagem acadêmica.

> *Mas o que se fatigou é tão somente 'querido'; todas as ondas brincam com ele. E assim fazem todos os fracos: perdem-se no caminho. E o seu cansaço acaba por perguntar a si mesmo: "Por que seguimos este caminho? Tudo é igual!" É a eles que agrada ouvir pregar: "Nada vale a pena! Não deveis querer!" Mas isso, todavia, é um apelo ao servilismo*[14].

Isso se coaduna com uma passagem de Ellis em que ela comenta que sentiu "que tinha de aprender a pensar e conversar como outros acadêmicos se quisesse ser um membro pleno desta tribo [acadêmica]"[15].

(Re)produzimos e estimulamos, em muitos momentos e relações, uma 'ciência papagaio', calcada na repetição de uma série de referenciais famosos/ prestigiosos/reconhecidos e, por isso, 'mais verdadeiros' que outros. Com a cafetinagem acadêmica, diminui-se a potência da invenção, da criação, do novo. Estimulamos o que já existe. A continuação. A manutenção do que está posto. As maneiras como as coisas "sempre foram". Uma despotencialização

---

[13] Nietzsche (2008, p. 109).

[14] Nietzsche (2013, localização 3231).

[15] Ellis (2009, p. 64).

das diferenças e do novo!

> *Vou colocar o nome do meu orientador como coautor do trabalho ainda que ele não me obrigue. Porque já naturalizei isso como algo que deve ser feito, que faz parte do jogo. Acho que ele tem esse direito e até mesmo esse mérito pelo fato de me orientar, ainda que não tenha escrito absolutamente nada do texto. Na verdade, o que mais quero é que ele esteja lá como coautor. Talvez até mesmo como primeiro autor do trabalho. Vou ter um texto escrito com ele no meu currículo. Meu nome associado ao dele. Projeção. Desejo isso. Será uma honra pra mim ter o nome dele ao lado do meu como autor do trabalho. Quero isso. Considero que isso é importante. Vejo muitas vantagens nisto. É assim que as coisas sempre funcionaram e ainda funcionam.*
>
> *Se quero ser um professor universitário em uma universidade de ponta, tenho que publicar nas melhores revistas da área, tenho que estabelecer redes e contatos com os professores mais famosos e reconhecidos. Tenho que entrar nesse jogo, se quero conseguir isso.*

Como não assinar embaixo da cafetinagem acadêmica

Caso queiramos **lutar contra a cafetinagem acadêmica**, parece importante refletirmos a respeito de pelo menos duas questões que estão interligadas:

1) **Imagens de sucesso que nos seduzem**, que estimulam desejos em nós, vontades de acessar e de fazer parte de mundos. Alguns exemplos de perguntas que se conectam a este aspecto são:

> *Enquanto acadêmico...*
>
> *O que é sucesso pra mim?*

O que quero pra minha vida?

Onde quero chegar?

Que profissional quero ser?

O que me alegra?

O que considero reconhecimento?

Como eu quero ser reconhecido?

O que desejo alcançar na minha vida profissional?

2) **Formas de atingir nossas imagens de sucesso por meio da entrega voluntária**, na esperança de que isso nos ajude a ter acesso aos mundos que desejamos, a partir das imagens de sucesso que cultivamos e dos estímulos de sedutores. Alguns exemplos de perguntas que se conectam a este aspecto são:

> *Enquanto acadêmico...*
>
> *O que estou disposto a fazer?*
>
> *O que não aceito fazer?*
>
> *O que considero necessário para atingir o que quero?*
>
> *O que considero natural fazer para chegar onde quero?*
>
> *Como considero natural agir para chegar onde quero?*
>
> *O que é considerado natural no mundo, na profissão ou na relação que quero fazer parte?*
>
> *Que atitudes, valores e relações são naturais nesses mundos?*
>
> *O que me torna mais alegre?*
>
> *O que me torna mais autônomo?*
>
> *Autonomia e alegria são valores importantes para mim?*
>
> *O que quero construir?*

É, portanto, importante nos questionarmos o que queremos alcançar e como queremos e consideramos que precisamos agir para atingirmos o que construímos como imagens de sucesso.

É preciso pensarmos nos ideais de sucesso que adotamos como nossos, nas imagens de pessoas que consideramos felizes, bem-sucedidas, naquilo que buscamos ser.

Enquanto acadêmicos é interessante também refletirmos a respeito das nossas curiosidades, das nossas perguntas, dos nossos problemas que, por vezes, podem se transformar em nossos problemas de pesquisa.

> [...] no âmbito de uma educação pastoral, não se pensa, de fato. [...] não se pensa singularmente, autonomamente, com seu próprio problema. [...] Deleuze (2006, p. 227-229) afirma a necessidade de "termos direito aos próprios problemas", uma vez que **continuaremos escravos enquanto formos obrigados a 'pensar' problemas alheios**[16].

Parecem cada vez mais raros estímulos para que as pessoas construam seus próprios objetivos de forma autônoma e inventem caminhos para chegar até eles. Um dos desafios para exercer a autonomia enquanto acadêmico é, sem dúvida, a definição dos temas, problemas, objetivos e métodos de pesquisa.

> *Se eu pesquisar, escrever e publicar sobre isso, nenhum outro professor no departamento vai querer trabalhar mais comigo. Isso vai me queimar.*

> *Se eu usar este método, ninguém vai querer me orientar no Mestrado/Doutorado.*

> *Se eu pesquisar esse assunto, nenhum departamento, nenhuma universidade, vai querer me contratar.*

Precisamos inventar as nossas perguntas, as nossas curiosidades, os nossos problemas, construir os nossos problemas de pesquisa. E estimular que outras pessoas também o façam. É fácil criar uma agenda própria, autônoma, de pesquisa, com problemas próprios? Não. É muito difícil.

---

16 Carvalho e Gallo (2010, p. 296, grifo meu).

> *Eu não vou pesquisar isso agora porque vai dificultar quando eu quiser... achar um orientador de mestrado... ser aceito num doutorado... fazer um concurso... publicar um artigo em algum periódico... quando forem avaliar meu estágio probatório.... quando eu for concorrer a uma bolsa de produtividade...*

E essa linha nunca tem fim! Minha força de criação, de invenção, foi drenada. Fui seduzido. Eu me submeti. Passei a desejar agir, me comportar e fazer tudo como o sedutor me mostrou que sempre foi feito e que eu deveria fazer para ter acesso ao seu mundo. Afinal, eu quero ser um mestrando... um doutorando... um professor universitário... em uma universidade pública... meu estágio probatório precisa ser aprovado... quero ter uma bolsa de produtividade... quero ter projetos de pesquisa financiados por agências de fomento...

Dizem que para ser reconhecido como um 'acadêmico de ponta' é preciso estar credenciado como professor em programas de Pós-Graduação Stricto Sensu bem ranqueados pela CAPES, ter muitas publicações em periódicos bem avaliados, conseguir financiamento para seus projetos em agências de fomento, ser professor visitante em universidades estrangeiras, entre outras coisas. E não importam os meios utilizados para se chegar a esses fins, nem como as relações que estabelecemos são conduzidas, ou ainda como os valores são (re)produzidos e estimulados nesses trajetos. Só importam os resultados que atingimos dentro desses indicadores de 'qualidade', 'prestígio' e 'reconhecimento'.

Parece fundamental o questionamento dessas imagens para que não nos tornemos meros seguidores das 'religiões acadêmicas' tradicionais. Estamos aprisionados? Cláudio Moreira comenta que se sente "armadilhado em um sistema Foucaultiano de poder que disciplina e pune cujo nome é Educação Superior"[17].

Suely Rolnik pergunta "como e onde se opera o estrangulamento vital

---

[17] Diversi e Moreira (2009, p. 46).

que nos aprisiona no intolerável e nos asfixia?"[18]. Quando pensamos na cafetinagem acadêmica, a sedução opera em diversos momentos na conversão do que parecia intolerável ou asfixiante em algo natural e desejável: convoca e estimula o desejo de submissão.

Por um lado, como já mencionei neste capítulo, é importante refletirmos a respeito dos padrões de sucesso que nos guiam dentro da Academia e quais são os ideais de sucesso que nos guiam como acadêmicos. Da mesma forma, é imprescindível refletir a respeito das formas e caminhos de atingirmos o que queremos. O que estamos dispostos a fazer para atingir o que cultivamos como imagens de sucesso?

Por outro lado, também precisamos pensar a respeito do que estimulamos. Quais são os valores e as imagens de sucesso que nossas atitudes diárias estimulam nas demais pessoas com as quais nos relacionamos na Academia. Estimulamos o novo? O autônomo? O diferente? O autoral? O inovador? Desejamos súditos? Seguidores?

A possibilidade da sedução está sempre presente. Admiro o pensamento de Larrosa com relação ao que é um belo professor: "alguém que conduz alguém até si mesmo"[19]; assim como aquele de alguém que aprende: "não alguém que se converte num sectário, mas alguém que, ao ler com o coração aberto, volta-se para si mesmo, encontra sua própria forma, sua maneira própria"[20].

Repito: enfrentamos um grande risco de sermos seduzidos e, ao mesmo tempo, de agirmos como sedutores? Quais os nossos ideais de sucesso dentro da Academia? Que mundos construímos diariamente por meio não apenas dos assuntos que tratamos, mas, principalmente, das relações que estabelecemos e de nossas atitudes? Em que medida estamos seduzidos? Em que medida já oscilamos entre momentos e situações de agirmos como sedutores acadêmicos e outros de nos seduzirmos?

---

18   Rolnik (2006a, p. 22).

19   Larrosa (2015, p. 51).

20   Larrosa (2015, p. 51).

– Também quero ser um professor famoso e reconhecido com bolsa de produtividade e doze artigos publicados por ano, como o Fulano!

– Doze por ano?? Como alguém consegue escrever, sendo autor mesmo, doze artigos em um único ano?

É possível cultivar outras imagens do que é ser um acadêmico e do que é ser um acadêmico de sucesso. Façamos diferente!

5

**Cenas
Universitárias**

Não me resta nada, sinto não ter forças para lutar
É como morrer de sede no meio do mar e afogar
Sinto-me isolado com tanta gente à minha volta
Vocês não ouvem o grito da minha revolta
[...]
O sorriso escasseia, hoje a tristeza é rainha
Não sei se a alma existe mas sei que alguém feriu a minha
[...]
Chorei
Mas não sei se alguém me ouviu
E não sei se quem me viu
Sabe a dor que em mim carrego e a angústia que se esconde
Vou ser forte e vou-me erguer
E ter coragem de querer
Não ceder, nem desistir eu prometo
Busquei
Nas palavras o conforto
Dancei no silêncio morto
E o escuro revelou que em mim a Luz se esconde
Vou ser forte e vou-me erguer
E ter coragem de querer
Não ceder, nem desistir eu prometo

(Boss AC, 2009)

Minhas mãos tremem. Minhas pernas balançam sem parar. Meu coração acelera e está disparado. Sinto muito calor. Aumento a velocidade do ar-condicionado e diminuo a temperatura. Já são mais de 22h00.

- *Deve ser o cansaço.*

Não faz muito que cheguei em casa após mais uma noite de aulas. Levo um tempo para desligar. Sempre que leciono disciplinas à noite, demora um pouco para que eu consiga me desconectar, baixar a frequência e relaxar. O cansaço se mistura à adrenalina e, mesmo com um banho morno, ainda demora até que eu seja vencido pelo próprio corpo. Ligo o computador e, sentado em frente ao monitor, leio:

Professor,

Conforme informação da Coordenadora do Curso Dois, Profa Rosa, não consta seu comparecimento em sala de aula para lecionar as disciplinas Bananas - 2ª e 4ª feiras, 18:20 às 20:00 e Maçãs - 2ª e 4ª feiras, 16:30 às 18:10, ficando os discentes do Curso Dois do Campus Um sem aula, por mais uma semana.

Dessa forma, solicito que assumas de imediato as disciplinas para as quais foi designado e que compareça nesta 2ª-feira ao Gabinete da Direção da Faculdade para assinar recebimento deste memorando abaixo reproduzido.

O e-mail tem o título 'Falta às aulas' e acabo de recebê-lo de Begônia, chefe de departamento, com cópia para Azaleia (diretora da Faculdade), Cravo (vice-diretor) e também Rosa (coordenadora do curso de graduação Dois).

Reparo que há um arquivo em anexo: o tal memorando assinado pela chefe Begônia e endereçado a todos aqueles copiados no e-mail. Não recebi nenhuma ligação telefônica, e-mail, ou qualquer outra forma de contato, nem de Begônia, nem de Rosa, nem de Azaleia, ou mesmo de Cravo, para saber se eu estava ministrando as aulas regularmente ou não. Tampouco perguntando qualquer outra coisa.

> *- Como podem me acusar de algo sem nunca sequer ter checado as informações comigo?*

É chocante. Para além disso, elaboraram e assinaram um documento oficial me imputando faltas e sendo copiado para a Direção e Vice-Direção! Mas o pior de tudo é:

> *- Como e por que me acusam de estar ausente de aulas que acabei de ministrar há menos de duas horas?*

Faltam-me palavras. O ar escasseia. É indescritível a sensação que me acomete. Para minha 'sorte', eu, que sou fã de métodos educacionais ativos e, portanto, odeio o controle tradicional de frequência pedagógica para universitários com todas as minhas forças, não apenas vinha realizando as chamadas com as turmas pelo diário de classe, bem como também passando listas de presença a serem assinadas pelos estudantes. E isso não acontecia sem motivos.

> *- Vou digitalizar essas listas de presença e mandar para eles agora mesmo.*

Respondo imediatamente ao e-mail, anexando as listas de presença assinadas pelos alunos e comprovando que eu estava trabalhando normalmente, e não faltando às aulas, como havia sido acusado, indevidamente.

Begônia admite o erro cometido, após jamais ter me consultado. Logo na sequência, quase que em perfeita sincronia, é a vez da diretora Azaleia se manifestar copiando a todos aqueles já endereçados nos e-mails anteriores, afirmando:

> Ciente, sem problemas. Tudo dentro dos dispositivos legais que regem a UNIV.

Não é possível. Devo estar delirando. Vendo coisas. Depois do que fizeram, ainda acham que não há problemas e que está tudo dentro dos dispositivos legais de uma universidade pública?

Meu corpo grita. Implora para que eu faça algo para mudar a situação. Ou melhor, algo mais radical do que o que eu já tenho feito, porque infelizmente este não é a primeira situação estranha – para dizer o mínimo – que me ocorre nos últimos tempos. Este é apenas um dentre vários episódios estranhos em cadeia. Faz mais de seis meses que muitas situações absurdas – sempre com essas mesmas pessoas – vêm acontecendo no meu cotidiano de trabalho.

O início como professor efetivo em universidades públicas brasileiras

Eu prestei concurso e trabalhei como professor efetivo em outras universidades públicas, por diversos anos, antes de chegar à UNIV. Tive diversas experiências, lecionando várias disciplinas, orientando estudantes, desenvolvendo projetos de pesquisa e de extensão, escrevendo e publicando textos, bem como desempenhando atividades administrativas.

Por vontade minha e por requisição da UNIV, deu-se início ao processo da minha transferência. Eu iria para a UNIV e, em minha troca, a universidade que me cederia receberia uma vaga para convocar algum aprovado em concurso ou mesmo realizar um novo certame. Esse processo levou mais de sete meses para ser concluído.

É interessante ressaltar que, quando cheguei à UNIV, eu já havia cumprido e sido aprovado em meu estágio probatório e adquirido estabilidade no emprego, dentro dos termos da lei que rege o funcionalismo público federal[1].

O início na UNIV

Eu teria imensa alegria em começar minha história na UNIV a partir da liberação por parte da universidade da qual eu estava saindo e de minha chegada oficial à instituição, mas algumas coisas aconteceram nesse caminho.

Enquanto o processo de minha transferência tramitava, fui várias vezes à UNIV para dar uma satisfação sobre o seu andamento. Em uma dessas visitas, encontrei Azaleia, então chefe de departamento, e Begônia, coordenadora do curso Um à época. Begônia queria que eu entrasse em sala de aula, imediatamente.

> *- Como assim? Não posso... ainda estou lecionando na outra universidade, e além disso ainda sou funcionário de lá, dedicação exclusiva. Como vou começar, simultaneamente, a lecionar aqui?*

> *- Como não pode? Precisamos de você. Aqui tem um monte de professores substitutos que entram em sala até mesmo antes de assinar o contrato.*

> *- Bem, se você aceita isso como coordenadora...*

> *- Ha ha ha ... imagina se a pessoa for esperar tudo certinho, a coisa*

---

[1] Lei 8112/90 (BRASIL, 1990).

não vai funcionar.

> - Esse não me parece um jeito correto de 'funcionar'. Se pessoas aceitam isso... Eu não aceito e não farei isso de jeito nenhum. A partir do momento em que minha transferência for efetivada e publicada e a outra universidade me liberar, estarei aqui, mas jamais farei esse tipo de coisa.

Se eu não me der o mínimo de respeito, quem irá? Onde está a preocupação com as pessoas? Onde está a preocupação com a institucionalidade, com normas e regulamentos? E se sofro um acidente indo para o trabalho? Que sensibilidade! Que empatia! E isso tudo está acontecendo antes mesmo de eu estar oficialmente dentro da instituição! O que virá depois?

Depois de mais de sete meses de tramitação, finalmente, o Ministério da Educação aprovou e fui liberado pela outra universidade, após a publicação de minha transferência. Fui logo convidado pela chefe Azaleia para integrar o Núcleo Docente Estruturante (NDE) do curso Um.

Tanto Azaleia quanto Begônia haviam me pedido diversas vezes para que eu fosse chefe do departamento, caso Azaleia fosse eleita Diretora da Faculdade. Entretanto, sempre me mostrei contrário à ideia de assumir essa função no momento inicial em um novo local de trabalho. Eu não me sentiria bem de já chegar sendo um superior hierárquico de tantos outros colegas. Sempre deixei claro que poderia, sim, ser chefe do departamento, sem problema nenhum, e até gostaria de assumir a função um dia, mas que isso não aconteceria logo quando da minha chegada à instituição.

Descobri que, ao contrário do que acontecia nas outras universidades públicas em que eu havia trabalhado anteriormente, ali naquele departamento da UNIV não havia reuniões periódicas. Depois de algum tempo, e dos meus comentários a respeito de ser interessante podermos reunir os professores para conversar, debater, trocar ideias e deliberar coletivamente, foi marcada uma reunião do departamento. Finalmente, depois de muitos meses, ela aconteceu.

Todos os professores – efetivos e substitutos – foram convocados, mas, dentre mais de trinta, no máximo a metade compareceu. Eu e um outro professor, que também havia sido transferido para o departamento alguns meses antes, fomos apresentados aos demais. Durante a reunião, a chefe Azaleia comunicou que concorreria à eleição para a Direção da Faculdade:

- Vou concorrer à Direção da Faculdade e, se tudo der certo, sairei da chefia do departamento. A professora Begônia continuará na Coordenação do curso e o professor recém-chegado (eu), que agora compõe nosso grupo, assumirá a chefia do nosso departamento.

- De onde você tirou isso? Estou cansado de falar e explicar que não vou assumir a chefia do departamento agora. Como você chega agora na reunião, na frente de todos, e fala o oposto do que conversamos? O oposto de tudo o que dialogamos?

Tudo isso passa pela minha mente em uma fração de segundo, mas não verbalizo nada.

> *- Confio em mim, no meu trabalho e levo a sério o que faço, até porque gosto do que faço e faço o que gosto. Não posso aceitar ser desrespeitado assim! Não venha querer me tratar como massa de manobra. Nem como um boneco ou marionete.*

Converso comigo mesmo sobre tudo isso, mas não exteriorizo nenhum desses pensamentos. Encho-me de dúvidas.

O que faço? Deixo que ela fale à vontade e depois resolvo a sós com ela? Mas se o departamento quase não se reúne coletivamente, será muito difícil para reverter institucionalmente a 'verdade' que ela anunciou para todos.

E se eu levantar a mão e explicar que não é bem assim? Será que ela vai ficar brava? Qual será a reação dos demais integrantes do departamento? Mas, se eu falar com jeitinho e não me calar, ao menos assim deixarei as coisas claras e não haverá disse-me-disse ou mal-entendidos.

Sinto-me em um daqueles momentos em que temos que tomar decisões ultrarrápidas, em uma fração de segundo. Epifanias. Alguns momentos em nossas vidas nos quais acontecimentos importantes, decisivos, acontecem[2].

Levanto o braço e, assim que a palavra me é concedida, explico:

> *- Gente, já que fui citado, sinto-me na obrigação de entrar neste assunto agora. Para mim é uma imensa alegria poder estar aqui com vocês. Deixe-me esclarecer uma coisa. Eu terei toda a satisfação em concorrer à chefia do departamento e, se for eleito, assumir a função, mas não agora! Eu já havia deixado isso claro para a atual chefe e para a atual coordenadora do curso, mas talvez elas*

---

[2] Houaiss (2009).

> tenham entendido mal. Neste momento, em que acabei de aqui chegar, não me sentirei bem, nem à vontade, em ser imediatamente chefe de vocês. Deixo claro desde já que, daqui a algum tempo, podem contar comigo para concorrer a esta função.

A reunião termina pouco depois disso, e sou chamado no corredor pela chefa Azaleia:

> – Onde é que você está com a cabeça? Você me desdisse na frente de todo mundo! Não confia em mim? Acha que eu quero te ferrar?

> – Ué, mas você falou algo que não corresponde ao que conversamos. Aliás, você falou exatamente o oposto do que conversamos. E, claro, toda vez que você fizer isso, terei que te desdizer.

Fico pensando em que medida a Academia vive, trabalha e se relaciona para perpetuar e reproduzir a si mesma. Após os episódios acima narrados, diversas situações estranhas começaram a acontecer em sequência e chamar minha atenção.

Se fosse um quartel, você estaria preso!

Quatro meses após minha chegada como professor à UNIV, Azaleia já havia saído da chefia do departamento após ser eleita Diretora da Faculdade, para um mandato de quatro anos. Simultaneamente, Begônia acumulava as funções de chefe de departamento (antes ocupada por Azaleia) e de coordenadora de curso.

Em um dia normal de trabalho, fui chamado por Begônia:

> - Preciso que você seja testemunha em uma reunião com uma aluna que enfrenta uma situação delicada. Temos que averiguar o interesse dela em apresentar formalmente uma queixa contra um professor do departamento.

Imediatamente coloquei-me à disposição para ajudar, mesmo podendo ser qualquer outro funcionário a fazê-lo. Uma primeira reunião foi marcada e confirmada pela aluna e por Begônia, mas a estudante não compareceu, tendo mandado um e-mail desmarcando apenas cerca de trinta minutos antes do horário combinado.

Foi sugerida por Begônia uma nova reunião, para a semana seguinte, mas até dois dias antes desta possível data a aluna não havia dado nenhum sinal de vida e nem confirmado se poderia ou não. Ela já havia 'furado' no encontro anterior e não respondeu a nenhum dos e-mails enviados sobre uma possível nova data. Sendo assim, fui agendando outros compromissos acadêmicos que foram se apresentando como urgentes.

Talvez nem todas as pessoas saibam, mas o trabalho de um professor em uma universidade pública brasileira inclui, para além de ministrar aulas, atividades administrativas, de pesquisa, orientação de estudantes, extensão, escrita, leitura, publicação, coordenação e busca de financiamento para projetos, organização de eventos, entre outras.

Dei ciência à chefia do departamento que poderíamos tentar outras datas com a estudante, ou ainda que outro funcionário poderia ser convocado caso ela confirmasse de última hora.

Começou uma troca de e-mails em série. Begônia insistia em dizer que eu teria que estar presente de qualquer jeito na reunião (que não havia sido sequer confirmada) e que não poderia ser outro funcionário. Mesmo sem haver nenhuma confirmação por parte da aluna.

Já que estranhamente faziam tanta questão da minha presença, mesmo não podendo mais estar presente naquele suposto horário não confirmado, deixei claro que eu poderia em qualquer outro dia e hora. Sugeri mais uma vez que também poderia ser outro funcionário, mas Begônia insistia que eu teria que estar presente em uma reunião na qual nem a própria aluna interessada havia confirmado presença. Esse era, para mim, o ponto mais estranho. Fazer questão que eu estivesse presente em uma reunião que sequer se sabia se iria acontecer mesmo, já que a aluna não respondia as mensagens enviadas e nem confirmava nada. Ainda por cima seria uma atividade na qual qualquer servidor poderia estar! Para pensar o mínimo, parecia uma queda de braço, uma tentativa de demonstração de força, de poder, de hierarquia. Mas poderiam ser muitos outros os motivos.

Em uma entrevista realizada por Rosângela Antunes[3], Barreto afirma que o objetivo de quem pratica o assédio moral é, em primeiro lugar, "mostrar que quem manda é ele. Ele é quem comanda e as pessoas têm de obedecer".

> *Não está previsto no contrato de trabalho que o administrador ou chefe ou supervisor ou coordenador possa se apossar da pessoa como uma coisa que pode ser manipulada conforme os anseios e planejamentos da organização, [...] e o Assédio Moral se enquadra nesse comportamento abusivo e contraproducente*[4].

Há autores que relacionam o assédio moral a mecanismos de manter o controle nas relações de poder: "quando é encontrado algo fora do padrão é preciso providenciar que o status quo continue intacto"[5].

Mais uma vez a falta de sensibilidade e de empatia me atravessaram. Para além de todos os absurdos do ponto de vista normativo e institucional, em

---

[3] Antunes (2006, p. 34).

[4] Candido (2011, p. 93).

[5] Figueiredo (2006, p. 28).

nenhum momento a chefia do departamento perguntou o motivo de eu não poder estar presente naquela suposta nova data. Tampouco se preocupou em ouvir meus argumentos. Será que sensibilidade e empatia estão em extinção? Chegamos em um momento no qual ouvir o outro virou um luxo?

A situação chegou ao extremo de, em pleno domingo, Azaleia, agora Diretora da Faculdade, enviar um e-mail solicitando que eu desmarcasse meu compromisso para o dia seguinte, alegando se tratar de uma convocação. Expliquei novamente toda a história por e-mail, colocando-me à disposição, mais uma vez, para ajudar. Entretanto, ela respondeu:

> - Ainda sendo professor espero que compreendas o que venha a ser disciplina. Convocação implica na falta, em falta acadêmica. Não vou mais discutir sobre isso. Se fosse um quartel, você estaria preso.

Quartel? Preso? Lembro-me de quando fui aluno de um colégio militar e penso se ainda estou nas Forças Armadas.

> *[É] habitual o assediador criar um clima de terror psicológico, com invenções de que algo ruim pode acontecer se as tarefas não forem realizadas. O assediador se aproveita da fragilidade da vítima e procura fazer com que comentários em relação a ela circulem no local de trabalho de modo que, quando a vítima vier a fazer algum comentário entre seus pares, suas queixas caiam em descrédito, pois já haverá um 'pré-rótulo' malicioso*[6].

Repito: em momento nenhum lembro de alguma das duas ocupantes das funções de chefia terem buscado saber o motivo pelo qual eu não poderia ir no dia em que queriam e demandavam. E, não obstante, a reunião com a estudante, suposta razão para o encontro, sequer havia sido confirmada.

---

6   Candido (2011, p. 41-42).

Comecei a sentir fortes dores na coluna e precisei de atendimento médico. Acabei nem sequer conseguindo ir aos compromissos que eu tinha agendado. Justifiquei oficialmente minhas ausências e segui adiante. Várias coisas estranhas estavam acontecendo em sequência e meu próprio corpo estava se dando conta disso.

Se você não está comigo, você está contra mim!

Cheguei à UNIV para o que parecia mais um dia corriqueiro de trabalho. Fui até a sala do departamento, por volta das 16h30, buscar um computador e um projetor multimídia para usar nas aulas que eu ministraria à noite. Quando entrei, enquanto assinava a autorização para retirar os equipamentos, um funcionário veio até mim com uma folha de papel em mãos:

- A chefe Begônia deixou este documento aqui para você.

- Documento? É preciso que eu assine o recebimento ou a ciência em algum lugar?

- Não... acho que não... ela pediu só para te entregar mesmo.

Para minha surpresa, era um memorando com a minha exoneração do NDE do curso Um, assinado pela Diretora Azaleia e encaminhado também para a chefe Begônia. Ou seja, um documento me substituindo por outro professor do departamento, no âmbito do Núcleo Docente Estruturante do curso. Nunca ninguém conversou comigo a respeito. Nunca. Comunicação bloqueada? Por que não me avisaram nada por e-mail? Ou por telefone?

> *O legislador define a violência moral como atos vexatórios e agressivos à imagem e a auto-estima da pessoa, praticados de forma reiterada. E são exemplos de tais atos: marcar tarefas impossíveis ou assinalar tarefas elementares para a pessoa que desempenha satisfatoriamente papel mais complexo; ignorar o empregado, só se dirigindo a ele*

através de terceiros[7].

Muitas coisas estranhas acontecendo. Uma após a outra.

Três alocações diferentes de disciplinas no mesmo semestre acadêmico!

Um dos assuntos mais polêmicos e, talvez justamente por isso, menos discutidos no âmbito dos estudos sobre as universidades, diz respeito à distribuição/alocação da carga horária em disciplinas para os professores.

De modo simples: Como é feita a alocação de quais professores serão responsáveis por ministrar as diversas disciplinas e turmas oferecidas semestralmente nos cursos de graduação em universidades públicas no Brasil? Com quantas (e quais) disciplinas e turmas cada professor ficará? Todos lecionam o mesmo número de turmas de Graduação e de Pós-Graduação? O que faz com que um lecione mais disciplinas e outros menos (ou sequer tenha alguma alocada)?

Antes do início de cada período letivo, boa parte dos departamentos das universidades públicas elabora uma grade de horários com a distribuição das turmas entre seus docentes. Cada departamento possui maneiras diferentes de realizar essa tarefa.

Embora muitas vezes disfarçada de atividade neutra, técnica ou burocrática, a alocação de professores em disciplinas, turmas e horários é uma atividade política de importância fundamental. Ela não diz respeito apenas à possibilidade de docentes ministrarem disciplinas que estejam mais alinhadas às suas capacidades, formações, experiências, pesquisas, projetos e/ou interesses, mas também a quais ficarão com turmas em horários e/ou locais de maior ou menor procura, ou ainda quem ficará com mais carga horária em sala de aula e quem ficará com menos, dentre outras questões que interferem diretamente tanto nas condições de trabalho para os professores, quanto na qualidade da educação que os estudantes terão.

---
[7] Galvão (2011, p. 143).

Ou seja, horários, locais, turmas, disciplinas e, principalmente, uma distribuição desigual e injusta do trabalho a ser desempenhado, podem entrar em jogo, constituindo arenas de disputas e relações de poder.

No âmbito do departamento no qual eu estava lotado, a alocação de disciplinas a serem lecionadas no primeiro semestre daquele ano foi um evento pitoresco. No final do ano anterior, todos os professores receberam um e-mail da chefe Begônia com um documento: uma primeira versão da grade de horários com a alocação dos professores em disciplinas, feita única e exclusivamente por ela própria. Nenhuma decisão coletiva.

Gestão universitária participativa? Parecia até uma piada pensar nisso! Eu nunca fui consultado a respeito de que disciplinas me sentia mais capacitado, confortável, apto e, principalmente, interessado em fazer um bom trabalho. Nunca buscaram saber quais eram meus projetos de pesquisa e/ou de extensão para que eu pudesse lecionar disciplinas de modo mais integrado, como a construção da própria universidade pública brasileira preconiza, ao menos na teoria. A preocupação pedagógica parecia inexistente.

Como podemos pensar em qualidade da educação sem buscar levar em conta, por exemplo, que estudantes tenham professores motivados em sala, lecionando temáticas que se conectam com pesquisas e projetos que façam sentido para eles e, principalmente, para os próprios estudantes? Isso tem uma importância pedagógica enorme! A universidade precisa tratar os seus estudantes e a sociedade de maneira mais ampla como sua razão de existir.

A partir do quadro de horários elaborado e enviado pela chefe, tomei conhecimento das disciplinas para as quais fui alocado para o semestre seguinte e logo dei início à preparação dos planos de curso, tendo em vista que eram duas disciplinas que eu até então jamais havia lecionado na UNIV.

Um mês e meio depois, todos os professores do departamento receberam uma segunda versão da grade de horários. Fui trocado das duas disciplinas em que eu estava alocado, inicialmente, para outras duas diferentes. Em meu lugar, para as duas disciplinas que haviam sido atribuídas a mim, foi designado um professor recém-aprovado em concurso público para outro departamento - o departamento Dois - mas que, até então, não havia sequer sido nomeado no Diário Oficial da União, muito menos tomado posse no cargo.

Não recebi nenhuma justificativa ou explicação no e-mail para as trocas das disciplinas, nem para a substituição por esse professor. Não vi outras mudanças para os demais professores ou em outras disciplinas. Tive de iniciar a elaboração de novos planos de curso, já que seriam agora duas disciplinas diferentes a lecionar. Faltavam aproximadamente trinta dias para o início do semestre letivo seguinte. Deixei todo o planejamento feito anteriormente de lado e comecei a construir/preparar essas disciplinas diferentes.

Dois meses depois da troca acima narrada, já com o novo período em andamento, e em plena terceira semana de aulas, recebi, por e-mail, outra mudança na grade de horários. Sim, de novo! Outras duas disciplinas, diferentes das quatro primeiras. Ou seja, o terceiro 'conjunto' de disciplinas diversas no mesmo período letivo!

Ainda mais curioso foi reparar que, desta vez, fui alocado em duas disciplinas pertencentes ao curso Dois, a serem lecionadas em outro campus da UNIV, disciplinas estas que deveriam ser lecionadas pelo mesmo professor que citei anteriormente: aquele ainda não nomeado e nem empossado que ficou responsável pelas disciplinas nas quais eu estava alocado inicialmente. E ele, concursado para o departamento Dois, continuou - por decisão da chefe Begônia – alocado para as disciplinas do curso Um.

Analisei a nova versão do quadro de horários e reparei que aconteceram novas mudanças apenas comigo. Mesmo achando estranho ter sido o único professor do departamento Um a ter enfrentado tantas mudanças de disciplinas em um mesmo semestre - sendo a última das mudanças já com o período letivo na sua terceira semana - e a ter sido até mudado de campus, acatei a decisão de Begônia: interrompi as turmas nas quais eu estava lecionando e avisei os estudantes, que, apesar de serem em sua maioria formandos, acabaram por ter as disciplinas canceladas pela chefe e coordenadora Begônia.

Imediatamente, comecei a lecionar nas novas turmas designadas. Novamente elaborei planos de curso, calendários, leituras, enfim, tudo em um espaço de quatro dias para já começar nas 'novas' disciplinas a partir da quarta semana do semestre letivo, de acordo com as 'novas' ordens/designações/alocações.

E, mais importante, decidi não continuar calado no âmbito institucional. Como só reclamar não basta, enviei e-mail para a chefia do departamento com cópia para os colegas professores, em resposta às últimas mudanças, perguntando a respeito dos critérios utilizados para as decisões tomadas.

Embora a situação estivesse para lá de estranha, apenas um outro professor respondeu se colocando em minha defesa com relação à situação, e questionando os critérios utilizados para todas essas mudanças em série com meus horários. Repito: apenas um docente do departamento se manifestou.

> *lentamente os empregados internalizam a metodologia empregada e deixam de ter vontade de se revoltar, já não se incomodam ao ver um colega sendo hostilizado. O consentimento tácito das agressões constantes faz com que a autoestima abaixe, e junto vai sendo reduzido o padrão de moralidade, tornando o ambiente propício à 'banalização', [...] resultando na convivência pacífica com a agressividade*[8].

Chegando para mais um dia de trabalho, notei o corredor estranhamente vazio. Inesperadamente, cruzei no com um colega de departamento que disse ter recebido e lido meu e-mail:

- Sei o que você está passando, Igor. Isso é muito chato. Não vou me manifestar publicamente porque você sabe como é, né? A gente precisa ficar bem com todo mundo! Mas queria te falar do meu apoio.

---

8 Candido (2011, p. 51).

> *- Apoio? Que apoio? Apoio silencioso? Apoio telepático? Apoio.... ???!!!???*

Não falei absolutamente nada para ele. Apenas dei um riso de canto de boca e segui adiante para meu compromisso de trabalho na universidade.

Concordo integralmente com Edna Bom Sucesso quando ela diz que "a tendência maior entre os pares é fingir que não está acontecendo nada", exceto quando as situações ocorram com alguém com que se tem algum envolvimento afetivo. Como ela bem ressalta, "dificilmente o grupo se junta para ajudar o colega que está sendo assediado. A tendência maior é não falar nada, temendo se prejudicar ou se queimar"[9]. Não é à toa que "a solidão de quem sofre o assédio moral é muito grande"[10].

Qualquer semelhança entre as narrativas construídas neste trabalho e a história vivida por Laurel Richardson em uma universidade norte-americana pode não ser mera coincidência:

> *Eu estava no período de recesso, fora da cidade, quando a secretária do chefe do departamento me ligou para dizer que **ele tinha adicionado uma disciplina de graduação extra aos meus horários de ensino para o período acadêmico seguinte, que começaria em apenas uma semana**. Meu estômago embrulhou com dores severas. Não, eu disse, de forma alguma aceitarei esse encargo. Eu estava sólida, inflexível. Telefonei para a nova diretora, uma socióloga feminista, que logo seria promovida à Pró-Reitora. O 'melhor conselho' que ela me deu foi o de 'renegociar ou desistir'. Eu não aceitei. Ela então lecionou a disciplina por conta própria, em meu lugar. Ao invés de usar de sua posição hierárquica superior com o chefe do departamento, ela agiu de modo a deixar pra lá. Era uma disciplina de sociologia das mulheres. Eu não senti nenhuma gratidão para com ela. **Eu queria proteção**,*

---

[9] Bom Sucesso (2012, p. 72).
[10] Antunes (2006, p. 37).

> para meus colegas e para mim, com relação às ações arbitrárias e punitivas de um chefe de departamento. Ao invés disso, ela se apresentou no meu lugar, como uma espécie de sacrifício. A mensagem clara, me pareceu, foi a de que se ela, diretora da faculdade, estava disposta a se sacrificar, então todos deveríamos estar também. Sua ação legitimou o direito do chefe do departamento de fazer qualquer coisa que ele quisesse[11].

O relato de Richardson é tão impactante e dialoga tanto com estes escritos que não posso deixar de reproduzir mais uma passagem de seu livro, em tradução livre: "Vários colegas de departamento entenderam que, já que o chefe havia conquistado os oponentes, eu tinha me tornado perigosa para que as pessoas se associassem, perigosa até mesmo para ser conhecida"[12].

De volta ao choque

> *- Minha cabeça parece que vai explodir! Dia sim, outro também!*

Comecei a ter, diariamente, fortes dores de cabeça. Passei a sentir o coração disparar e as mãos tremerem toda vez que tinha de ir para a universidade, fosse para lecionar ou realizar qualquer outra atividade relacionada ao trabalho. Não pelas aulas em si, muito pelo contrário: os encontros com os alunos eram sempre revigorantes!

Não é mera coincidência que, no âmbito de situações relacionadas ao assédio moral, "têm início os sinais de alarme do organismo: dores de cabeça, distúrbios digestivos, alterações de comportamento, sensações vagas de dores que migram"[13].

Meu corpo dava sinais cada dia mais claros e graves, inclusive e principalmente, quando eu recebia algum e-mail escrito por Begônia ou

---

11   Richardson (1997, p. 10, grifos meus).

12   Richardson (1997, p. 11).

13   Freitas et al (2008, p. 74).

Azaleia. Mais intrigante ainda foi perceber que eu já me notava trêmulo e nervoso antes mesmo de abrir esses e-mails.

Eu, que sempre realizei as atribuições de minha profissão de modo satisfatório, com bons indicadores de produtividade, passei a ter dificuldades para escrever até mesmo os textos mais simples. Muitas vezes, já não conseguia corrigir trabalhos e ler e compreender com facilidade o que estava escrito. E o mais surpreendente para mim é que nunca, jamais, havia sentido algo sequer parecido durante os anos de trabalho nas universidades públicas anteriores.

> *No setor público, o ato de assediar não está necessariamente relacionado com a produtividade, mas sim com questões de poder. Em alguns momentos, locais, instituições e grupos, [...] o assédio moral no setor público está relacionado justamente com o oposto da produtividade, ou seja, quanto mais produtivo é o funcionário, em alguns casos, mais é assediado justamente por isso*[14].

O assédio moral engloba condutas abusivas que afetem a integridade física e psíquica de uma pessoa, que coloquem em perigo seu trabalho/emprego ou degradem as condições de trabalho[15].

Vale ressaltar que "as ações degradantes se intensificam a ponto de o ambiente de trabalho se tornar insuportável e detestável pela pessoa assediada"[16], ainda que o assédio moral geralmente comece "com ações sutis" e, em muitos casos, chegue a se tornar "quase que imperceptível pelas vítimas"[17].

Há pouco esclarecimento e pouca discussão aberta sobre o assédio moral. Existe um ponto que é preciso reforçar: o assédio moral não se refere a um episódio isolado, mas diz respeito a condutas sistemáticas, repetitivas, variadas, diversas. Ou seja, múltiplos episódios.

---

14 Minassa (2012, p. 2).

15 Hirigoyen (2005).

16 Minassa (2012, p. 125).

17 Minassa (2012, p. 125).

> Prof,
>
> Ontem tentei localizá-lo na Faculdade e não consegui. Quarta feira estarei no Campus após as 18:00 e preciso conversar com o senhor.
>
> Profa Rosa.
>
> Doutoranda UNIV.

Foi impossível não lembrar, imediatamente, do episódio anterior no qual recebi um memorando me imputando, injustamente, faltas, quando eu havia acabado de chegar do trabalho. Flashback? Déjà-vu? Vigilância? Controle? Mais uma tentativa por escrito de registrar que não estou presente? Ou apenas mera coincidência?

Respondi o e-mail de Rosa, explicando que ela não tinha me visto talvez por eu estar oficialmente afastado para participar de um evento no interior de outro Estado brasileiro, como palestrante convidado, mas que eu mesmo havia tentado localizá-la, sem sucesso, por oito vezes em dias de aula. O-I-T-O! E que em nenhuma dessas tentativas eu a havia encontrado na universidade!

Aproveitei e perguntei aos alunos das turmas para as quais eu estava lecionando se eles sabiam uma forma mais eficiente de encontrá-la. Curiosamente, todos os alunos das duas turmas sob minha responsabilidade, mesmo estando já no terceiro período de suas graduações, foram unânimes em afirmar que não conheciam sua coordenadora de curso: jamais a tinham visto na universidade em um ano e meio de Graduação!

Um dos exemplos que compõem o quebra-cabeça violento do assédio moral é, justamente, "a imputação injusta ao agente assediado de fato não cometido por ele"[18].

> *O que distingue o assédio moral de outras condutas agressivas, incômodas ou constrangedoras é o seu caráter de perseguição, caracterizada pela insistência em repetidos comentários, gestos ou expressões que atormentam e incomodam.* Além disso, quem assedia tem a intenção de destruir a autoestima e a felicidade do outro, sendo incapaz de arrepender-se, desculpar-se ou de esforçar-se para evitar novas ofensas. **Insistimos, portanto, que o assédio moral caracteriza-se na frequência dos maus-tratos e na intenção destrutiva do comportamento, na constância em provocar, vexar e atormentar, na falta de sensibilidade sobre as implicações dos maus-tratos na vida emocional da vítima.** E, em especial, na negativa de reparar o mal feito e de admitir ter ofendido. Lembramos que *o assediador, quando confrontado sobre sua postura inadequada, é hábil em mentir na tentativa de confundir quem o enfrenta*. É, ainda, capaz de alimentar desejos de vingança, sendo arrogante nos comentários e indiferente aos sentimentos das vítimas[19].

Rosa respondeu rapidamente, admitindo o que fez:

Prof.,

Não fui informada de nada, fiquei vendida. Peço desculpas pelas cobranças mas, se possível, na próxima oportunidade, entre em contato comigo. Reafirmo que preciso conversar com o senhor, 4ª feira estarei na Faculdade.

Abraços,

---

18 Minassa (2012, p. 141-142).

19 Bom Sucesso (2012, p. 10, grifos meus).

Profa. Rosa.

Doutoranda UNIV.

O corpo fala, sente, transborda

Cada vez as dores de cabeça se tornavam mais fortes e frequentes. Minhas mãos, braços e pernas, que tremiam quando eu ia para a universidade, passaram a apresentar o mesmo problema também quando eu chegava em casa após o trabalho.

Busquei auxílio médico. Logo na primeira consulta foi solicitado o meu afastamento das atividades laborais e uma icença médica por prazo mínimo de sessenta dias:

- Você precisa se afastar. Você não está bem. Não tem condições de continuar assim neste momento.

Dirigi-me à perícia médica da universidade logo na sequência, mas encontrei-a fechada por motivo de obras. O coordenador do setor, por telefone, solicitou que eu retornasse dois dias depois. Ainda assim, enviei e-mail com os comprovantes e comuniquei ao Departamento Pessoal da Faculdade, à chefe Begônia e à Rosa, coordenadora do curso Dois, no qual eu estava lecionando.

Surpreendentemente, recebi, no mesmo dia, um e-mail enviado diretamente pela diretora Azaleia, com cópia para Begônia:

Prezado professor,

Tomei ciência de seu pedido de afastamento por motivos psiquiátricos.

Farei o seguinte, eu o colocarei a disposição da Reitoria. Assim quando voltares não estarás mais lotado na Faculdade, podendo escolher qualquer curso que tenha suas disciplinas. São muitos na UNIV.

Estimo melhoras e boa escolha de uma outra unidade se quiseres.

Atenciosamente,

Profa. Azaleia

Diretora

Geralmente as vítimas de assédio moral são expostas publicamente "a críticas ou a questionamentos"[20], para além de taxadas de 'divergentes' e tratadas como 'problemáticas' e/ou classificadas como 'encrenqueiras'. Nesse ambiente "as relações de poder nas organizações são reservas de autoritarismo e sofrimento, perturbando profundamente a singularidade e a particularidade dos sentidos do trabalho e a saúde dos indivíduos"[21].

Chega! Basta! Não dá mais para continuar tentando ficar numa boa e em paz com quem ocupa funções de Chefia e Direção dentro da estrutura de uma instituição educacional pública e não me permite condições minimamente dignas e saudáveis para trabalhar. Talvez eu esperasse muita compreensão. Confiei demais na institucionalidade e nas pessoas.

---

20 Freitas et al (2008, p. 59).

21 Freitas et al (2008, p. 59).

6

**Entre a Cafetinagem Acadêmica
e o Assédio Moral**

Alguém sabe dizer o que é normal?
Pode parecer tão natural
Pode parecer tão natural
[...]
E eles têm escravos
disfarçados de assalariados
diariamente humilhados
se levantam cedo, se arrumam apressados
têm hora marcada pra falar com Deus
[...]
Alguém sabe dizer o que é normal?
Pode parecer tão natural
Pode parecer tão natural

(Vaquer, 2005)

Como explicado em maiores detalhes no capítulo de mesmo nome, a **cafetinagem acadêmica** guarda uma relação estreita com a sedução, a partir do momento em que os seduzidos se identificam com imagens de sucesso e nutrem desejos de reconhecimento e acesso ao mundo dos sedutores.

É importante ressaltar que a cafetinagem acadêmica não está diretamente ligada a identificações permanentes e muito menos a qualquer tipo de generalização. O que quero dizer de forma direta é que não se trata de rotular alguém como sedutor, que será sempre sedutor, e alguém como seduzido, sempre seduzido. As identidades, assim como as verdades, são circunstanciais, fluidas, efêmeras. Esses papéis sempre podem ser cambiáveis.

Em determinada situação podemos agir como os sedutores e, em outra, estarmos na posição daquele que se identifica com algumas imagens de sucesso e, voluntariamente, se submete ao que parece necessário fazer na esperança de ter acesso aos mundos idealizados.

Seria temerário generalizar que sempre há - e ingênuo afirmar que não há - nas atitudes dos sedutores, intenções de seduzir ou pastorear/guiar rebanhos e seguidores. A universidade é uma instituição muito conservadora no seu cotidiano e nas relações entre alguns de seus integrantes. Uma parte dos acadêmicos, assim como profissionais de quaisquer outras áreas, adora e busca formar súditos, seguidores.

Em algumas situações, aqueles que são seduzidos acreditam que precisam rezar a cartilha da religião acadêmica dos sedutores para terem acesso às benesses do mundo desejado. E, como já mencionado nesta obra, isso é, muitas vezes, apresentado como uma sugestão. Uma sugestão de quem quer o 'bem' do aspirante acadêmico e o seu 'sucesso'.

Como explicado anteriormente, a operacionalização da cafetinagem acadêmica tem menos a ver com exigências presentes em normas e regulamentos e mais a ver com a construção do desejo no seduzido: por isso a figura tão emblemática do aspirante.

Os sedutores estimulam e convocam idealizações. Ao querermos acesso a mundos, reconhecimentos e recompensas e, seduzidos, passamos a desejar o que nos é apresentado como única forma ou como melhor caminho para conseguirmos o que queremos. Fazer e agir diferente parece-nos muito temerário, perigoso, difícil, arriscado, enfim... vale a pena?

"As coisas sempre foram assim..."

Já o assédio moral tem a ver com ações múltiplas, variadas, diversas, que buscam, como a própria teoria já apontou, difamar, humilhar, ofender, violentar, manipular, depreciar, perseguir, ameaçar, denegrir; tudo isso com o desejo de manter o controle na relação de poder, manter a obediência dos assediados, fazendo com que ajam de acordo com o que é esperado pelo assediador: uma obediência sem questionamento[1] que, em muitos casos, vira rotina. Quando isto acontece, a falsidade e a hipocrisia podem passar a fazer parte da

> *"moral que circula na organização, uma vez que as condições impostas por essa nova organização do trabalho e manifesta nas relações interpessoais alteram o temperamento e o comportamento de todos os envolvidos"*[2].

Não é à toa que Antunes traduz o assédio moral como uma "forma de matar sem o corpo"[3].

A cafetinagem acadêmica e o assédio moral, às vezes, parecem duas faces de uma mesma moeda. Os meios são diferentes, mas as finalidades são, de certa forma parecidas. Embora utilizando expedientes, táticas e estratégias diferentes, ambos podem estar ancorados em valores semelhantes e possuir objetivos muito parecidos, quando não idênticos. Alguns desses objetivos podem ser:

---

[1] Thomson (2002).

[2] Freitas et al (2008, p. 65).

[3] Antunes (2006, p. 55).

- que outros ajam de acordo com a vontade e com os desejos de alguém (ou de alguns) para potencializar os mais diversos interesses, benefícios e resultados;

- que se mantenha o controle nas relações;

- que não se questionem as rotinas e o status quo quando estes servem aos interesses de alguém (ou de alguns);

- que os sedutores permaneçam ditando as regras, ainda que discretamente e/ou dos bastidores.

Ou seja, cafetinagem acadêmica e assédio moral estão ambos relacionados ao comportamento do outro, à expectativa que o outro aja de determinada maneira, em prol dos interesses dos sedutores e/ou dos assediadores.

A cafetinagem opera pela sedução, veneração, naturalização, desejo. Enquanto isso, o assédio moral é a violência do tacape, do machado. A primeira tem um caráter mais ligado ao encantamento, ao desejo de acesso ao paraíso prometido, alardeado, introjetado e naturalizado como imagem de sucesso; na idealização e conversão do desejo do seduzido em acessar o mundo do sedutor. Enquanto isso, o último tem um caráter visivelmente mais violento, mesmo quando esta violência ocorre de modo dissimulado e/ou sutil.

Cafetinagem acadêmica e assédio moral. Um lado sedutor. Um lado violento da moeda. Ainda que a sedução possa se conectar a violências e que violências possam se conectar a seduções. As coisas não são necessariamente dicotômicas. A ou B. Seco ou molhado. Muitas vezes a vida acontece no cinza, no AB/BA, nos espaços 'entre'.

Tanto a cafetinagem acadêmica quanto o assédio moral podem suscitar efeitos devastadores sobre as subjetividades. Uns mais imediatos, outros mais a longo prazo, variando de pessoa para pessoa, e de situação para situação. Não há um manual simples para lidar com problemas complexos. Nem cabem generalizações.

Há muitos disfarces que podem ser utilizados para que se dificulte a caracterização do assédio. Assim como há muitas formas de fazer com que a sedução da cafetinagem acadêmica soe como preocupação com o outro. Tudo em nome dos interesses de sedutores, e/ou de assediadores que, muitas vezes, disfarçam seus propósitos em nome de alguma suposta necessidade institucional, camuflando os famosos 'pedágios', sempre com a intenção de que outros ajam como esperam.

São numerosas as 'vistas grossas' para determinadas coisas e pessoas, mas para outras não. Horários de disciplinas que ninguém quer, mas que 'alguém' (geralmente os mesmos 'premiados') precisa assumir. Algumas situações são tão naturalizadas e/ou reproduzidas convenientemente (de forma utilitária) que, em alguns casos, após serem seduzidos, alguns colegas chegam a fazer recomendações para os demais:

> *"Às vezes é preciso dar um passo atrás para depois dar dois para frente. Pense nisso!"*

> *"Quando eu entrei aqui..."*

Situações como essas podem ser encaminhadas por meio tanto do assédio moral quanto da cafetinagem acadêmica, ou seja, usando estratégias diferentes por parte dos assediadores e/ou sedutores.

Como é possível desnaturalizar o que está posto? Fazer diferente? Construir relações igualitárias? Parar de educarmos para tolerar o intolerável[4]?

A partir do momento em que aceitamos entrar nos jogos e nas negociatas em buscas de vantagens e benefícios, ainda que isso aconteça com o próprio silêncio ao não nos manifestarmos em determinadas situações, entramos numa rede de favores onde se torna cada vez mais difícil dizermos

---

4 Valentim (2018b).

não.

A possibilidade de dizer não, sem sentir-se culpado por isso, sem dever favores, sem ir contra o que se deseja, talvez seja uma grande medida da liberdade, da autonomia. Isso também vale para a vida acadêmica.

Sempre teremos que lidar com os custos de nossas escolhas. Isto não é exclusividade de quem não aceita determinadas coisas. De forma similar, as pessoas que aceitam certas situações, quando teoricamente desejariam não as aceitar, também arcarão com preços e consequências, muitas vezes, em seus corpos e estados de saúde.

> *Pessoas ofendidas encontram maneiras de se proteger, muitas vezes tentando ignorar o comportamento malicioso. Outras abrem conflitos, comprando a briga e inundando de adrenalina o próprio corpo. E existe custo emocional tanto para viver em constante defesa, quanto para manter-se sob as asas do autoengano, tentando ignorar o que se passa*[5].

As universidades públicas estão apoiadas, ao menos teoricamente, na liberdade de pensamento, na autonomia, na crítica, mas será que isso só ocorre enquanto os seus integrantes forem úteis aos que buscam utilizar esses princípios para disciplinar os demais em função dos seus próprios valores e interesses?

Métodos que permitem o controle minucioso das operações do corpo, que realizam a sujeição constante de forças e impõem uma relação de docilidade-utilidade, são o que podemos chamar de "disciplinas"[6]. Michel Foucault já dizia que "as disciplinas funcionam cada vez mais como técnicas que fabricam indivíduos úteis"[7]. Só se tem valor enquanto se é útil. Mas útil para quem? Docilização e utilitarismo caminhando juntos e simultaneamente. Em que medida o assédio moral pode ser compreendido como uma ferramenta disciplinar?

---

[5] Bom Sucesso (2012, p. 37).

[6] Foucault (2005, p. 118-119).

[7] Foucault (2005, p. 173-174).

Não é raro ver algum colega que já foi bastante crítico com determinadas coisas, anteriormente, e que, depois de seduzido, ou ao assumir alguma função de chefia, reproduz os mesmos expedientes e práticas antes criticados por ele próprio. A vontade de mudar as coisas e de 'fazer diferente', em alguns casos, some. Dá lugar à naturalização que vem, no caso da cafetinagem acadêmica, com a sedução e o desejo de pertencer a determinados mundos, ter acesso a benesses e recompensas e, no caso do assédio moral, como fruto das próprias violências sofridas e da forma encontrada para sobreviver, que nem sempre é a mais transformadora ou rebelde contra aquilo que está posto. Às vezes, passa-se a agir de uma forma de convívio mais anestesiada[8], mais indiferente.

Qualquer que seja o caminho/ação/postura escolhido e tomado, haverá consequências e preços a pagar para os envolvidos. Sem dúvida, um dos preços a se pagar quando se é seduzido na cafetinagem acadêmica é o de não pensar mais com os seus problemas, mas apenas com os problemas alheios, afinal "fulano está há mais tempo no departamento", "beltrano é professor da Pós-Graduação e você não", "ciclano já deu sua contribuição sendo chefe do departamento", entre outros. No assédio moral, parece haver uma maior chance de se apresentarem impactos sérios e graves na saúde do assediado, para além da possibilidade de quem sofre e denuncia passar a ser 'malvisto', mal falado, e até mesmo transformado no culpado ou responsável por toda a situação: os assediadores fazem todo o possível para que as vítimas sejam transformadas em algozes.

"Você não é flexível o suficiente"

"As coisas sempre foram assim. Você se acha diferente dos outros?"

"Você está de mi-mi-mi"

---

8 Rolnik (2006b).

É muito importante deixar claro que a violência do assédio moral nunca pode ser justificada ou explicada pelas atitudes (ou falta delas) de quem a sofre. Alguns teóricos do assédio moral, como Hirigoyen, consideram que a culpa é um possível sintoma de pessoas que sofrem episódios de violência organizacional[9] desse tipo.

Então, repito: é totalmente injusto e absurdo responsabilizar uma vítima por seu medo ou silêncio. É fundamental ressaltar que o silêncio e as 'vistas grossas' das demais pessoas do local de trabalho podem carregar, às vezes, um quê de passividade ou de falta de vontade de mudar o que está posto com a própria conduta. Outra vezes, o silêncio e a cumplicidade dessas outras pessoas ocorrem pensando nos próprios interesses, em não testemunhar, não se envolver, para 'ficar bem na fita', independente dos colegas que sofrem diretamente o assédio.

Um dos grandes problemas do assédio moral é que muitas vítimas sequer têm consciência da ilicitude de determinados comportamentos e situações no ambiente de trabalho. Como já disse Hirigoyen[10], considerar a violência uma consequência da organização do trabalho é incorrer num enorme risco de livrar os agentes das suas responsabilidades.

E reside aí mais um ponto de contato entre a cafetinagem acadêmica e o assédio moral: a naturalização de práticas e comportamentos, assim como a sedução por algumas imagens de sucesso, dificultam a identificação de ilícitos e de condutas e práticas que, ainda que sejam lícitas, são ética, moral e/ou politicamente questionáveis! Com isso, inibem-se debates abertos sobre o que se passa e, também, a discussão dos impactos e consequências para os envolvidos e para a sociedade de maneira mais ampla. Assuntos acabam ficando silenciados. Tornam-se tabus. Restritos a discussões de corredores e bastidores. Não se discute abertamente e, desta forma, diminuem-se as chances de serem construídas mudanças no status quo e nas rotinas que favorecem mais alguns que outros, destroem sonhos e inibem a autonomia, a

---

9   Hirigoyen (2005).

10   Hirigoyen (2005).

criatividade e a invenção.

7

Considerações no espelho

Há momentos em que somos tomados pela sensação de que não há saída possível. De que nada vai mudar nunca! Esse é um sentimento contra o qual tento lutar, permanentemente. Escrevo este livro como um exercício nesta direção!

Precisamos valorizar nossas micro lutas. Nossas micro resistências. Em diversas situações é possível construir pequenas mudanças e instaurarmos pequenas rupturas, interrupções e brechas a partir de nossas atitudes, inclusive, ao dizer não para determinadas coisas, bem como propor e construir alternativas e caminhos distintos. Desde que se deseje isso e que se esteja disposto a arcar com as consequências e responsabilidades. Construir novos caminhos não é o tipo de coisa que acontece. É preciso fazer acontecer, se esforçar para fazer acontecer.

No mundo acadêmico, construir trajetórias autônomas, inovadoras, diferentes das mais tradicionais e naturalizadas, também inclui ter de lidar com vaidades feridas e, muitas vezes, transformamo-nos em "lobos acadêmicos solitários" ou quase solitários.

Como a sedução na Academia e nas relações acadêmicas opera em mim? como me afeta? Que desejos (des) construo? O que naturalizei?

Pensando em um exemplo simples, parece impossível ter como indicadores de "sucesso acadêmico" aqueles mais usuais – tais como o número de citações e, indiretamente, a popularidade – quando se deseja agir de modo diferente da maioria e construir outros tipos de práticas, métodos, pesquisas, atitudes e relações.

Antes de começar como estudante de Graduação, eu já havia trabalhado em diferentes empresas e setores tais como banco de investimentos, departamento financeiro, consultoria de gestão e uma escola preparatória. Depois de várias experiências que tive em empresas privadas, me vi muito crítico sobre o mundo corporativo.

Eu enxergava a Academia como uma oportunidade de desenvolver o pensamento livre, debater ideias e estimular formas de viver, sentir e trabalhar mais voltadas para a igualdade e o bem-estar de todos e todas, diferente da lógica voltada única e exclusivamente para o lucro das empresas privadas[1]. Foram esses incômodos que me fizeram querer sair do mundo corporativo e buscar primeiro um mestrado e, posteriormente, um doutorado.

Talvez eu tenha sido muito ingênuo em considerar a Academia como esse tipo de 'paraíso na Terra' que estimularia valores como autonomia, equidade e igualdade sem ter que entrar em batalhas diárias com alguns dos próprios colegas.

Talvez eu tenha sido inocente ao pensar que a Academia era diferente do 'mundo exterior': que bobagem! Eu deveria ter lido, naquela época, Carol Rambo, quando ela afirma que "a nossa performance [enquanto acadêmicos] é dependente da ilusão de autonomia, individualismo e geralmente até mesmo idealismo"[2]. Como poderia ser diferente se a universidade, enquanto organização, está imersa, faz parte, e é composta por todos os valores, pessoas e grupos do que chamamos de mundo, de sociedade?

A universidade somos nós! Instituições e organizações são feitas de pessoas. A universidade é, assim como qualquer outra organização, uma arena de disputas, contradições, batalhas, alegrias, tristezas, sonhos, decepções, inovações, valores e interesses diferentes sendo confrontados a todo momento.

Toda organização é um espaço de competição, repleto de hierarquias e hipocrisias, às vezes apresentando uma grande distância

---

1   Valentim (2013, 2020).

2   Rambo (2016, p. 25).

entre o que se professa, se prega e/ou se defende teoricamente e aquilo que faz nas práticas e relações cotidianas.

Desejo que a universidade melhore enquanto organização, tendo um clima mais respeitoso, aberto e inovador, já que a educação possui um papel central na construção de sociedades mais justas e igualitárias. Se realmente queremos sociedades com esses valores, o exemplo precisa vir de nós mesmos, inclusive a partir de nossos estranhamentos e questionamentos acerca das micro relações acadêmicas.

A universidade, enquanto organização, é apoiada, de modo central, sobre os ideais de liberdade e de autonomia. Novamente, se quisermos sociedades com esses valores, o exemplo e o estímulo precisam vir de nós mesmos, a partir de nossas relações.

Por querer uma sociedade na qual haja mais abertura, liberdade, autonomia, igualdade e justiça social para todos, considero que estes valores precisam estar mais presentes e serem vividos nas relações cotidianas dentro da Academia.

A Academia, em geral, e as universidades públicas, em particular, estão cheias de pesquisas e textos críticos. Não faltam teorias e discursos voltados a conceitos como justiça social, diversidade, igualdade, solidariedade. Não faltam pesquisas para vacinas, medicamentos, desenvolvimento sustentável. Há estudiosos dos mais diversos campos, áreas e linhas teóricas.

Há inúmeros projetos de teses, dissertações, bem como investigações em andamento sobre temas voltados ao bem comum. Entretanto, **ainda olhamos pouco para as relações cotidianas entre os acadêmicos**[3]. Ainda debatemos pouco sobre questões tais como:

Que valores e subjetividades estimulamos por meio de nossas

---

[3] Entendidos aqui como docentes, investigadores, estudantes e todos os funcionários de universidades, faculdades, institutos e unidades de investigação, dentre outros.

atitudes e relações, aulas, orientações, e/ou nos corredores, bastidores, olhares e/ou gestos?

Que atitudes já estão naturalizadas e sem questionamento no mundo acadêmico?

Que imagens de sucesso acadêmico e modos de funcionamento das universidades são tratadas como naturais?

Que 'sugestões' recebemos a respeito de como devemos nos comportar, desde nossos momentos mais iniciais, na Academia?

Há outros inúmeros exemplos. Quando olho para as temáticas e para os assuntos de projetos de investigação, de ensino e de extensão e desenvolvimento comunitário, vislumbro o que parece ser uma Academia cheia de boas intenções. Entretanto, não é preciso conviver muito tempo no meio acadêmico para sentir, no corpo, na pele e na alma, em muitos momentos, a distância entre o que se estuda, se diz, se ensina, se investiga, se prega, e aquilo que acontece nas relações e atitudes cotidianas.

A Academia é excelente para analisar os outros, mas precisa analisar mais a si própria se desejar contribuir para mundos e sociedades mais justas, igualitárias e sustentáveis, para todos e não apenas para alguns.

Com isso, eu não quero dizer que há apenas coisas negativas na Academia. Muito pelo contrário! Existem muitas coisas maravilhosas! Muitas!

Escrevo este livro nutrido e alimentado por um desejo de melhoria! De potencializar o que há de bom na universidade e de melhorar algumas coisas que não considero boas nem saudáveis! De contribuir para que a universidade, uma instituição necessária e fundamental para as sociedades, seja ainda mais potente, inovadora e com relações mais igualitárias, justas e saudáveis.

Para aqueles que, assim como eu, desejarem esta tarefa, não podemos silenciar mais certas discussões. Não podemos mais naturalizar determinadas práticas. Não podem mais tratar certos assuntos como tabus. Antes de tudo, precisamos discutir, abertamente, a respeito da universidade enquanto organização. Discutir as práticas e relações entre seus integrantes e seus impactos.

Ainda mais em um momento como o atual em que, em pleno século 21, há um sem-número de pessoas e iniciativas fanáticas, ultraconservadoras, negacionistas, e/ou de extrema-direita, ao redor do mundo, querendo destruir a ciência, as coisas públicas, formas de educação laicas e voltadas a mundos mais igualitários e solidários.

Precisamos discutir as relações acadêmicas e o que estimulamos e construímos com elas. Tenho a intenção de, a partir das discussões suscitadas, fomentar uma Academia mais justa e aberta ao novo e ao diferente, mais progressista, com relações interpessoais mais saudáveis e horizontais.

Esses são alguns dos meus desejos. Não quero catequizar ninguém, já que não entendo a universidade como um espaço apoiado em valores e ideais inquestionáveis e absolutos, que busca conduzir seus integrantes em uma única direção.

É fato que não querer seguir o rebanho dá trabalho! Muito trabalho! E não podemos nos enganar: o rebanho não quer liberdade. O rebanho quer ser controlado e almeja o conforto da certeza[4], da verdade, do sucesso a qualquer custo.

Escrever este livro é difícil. As situações narradas neste livro são complexas e dolorosas. Não é coincidência que Richardson diz[5] que seu estômago embrulhava e doía enquanto ela escrevia seu livro.

---

4   The Matrix Resurrections. Direção: Lana Wachowski. [S. l.: s. n.], 2021. (2h 28m).

5   Richardson (1997, p. 11).

Às vezes me perguntam sobre os riscos – para minha carreira ou mesmo vida pessoal – de olhar e pesquisar temas polêmicos, delicados, espinhosos. Graeber considera[6] que seria mais seguro admitir ser um anarquista do que escrever uma autoetnografia honesta sobre a academia. Talvez isso seja mesmo verdade. Há sempre vários riscos ao construir e compartilhar histórias como as que fazem parte deste manuscrito.

Rambo diz que várias das autoetnografias que ela escreveu foram percebidas, em algumas ocasiões, como ameaçadoras para ela e para outras pessoas, tanto em termos pessoais quanto profissionais, como se ela estivesse violando "uma norma estabelecida de silêncio"[7]. Esta também é uma possibilidade.

Pensando de modo mais pragmático, que mal eu produziria ao construir e compartilhar essas histórias e estimular discussões sobre a Academia? Não há generalizações neste livro. Estamos fazendo coisas tão horríveis na universidade para nos sentirmos ameaçados se ela própria for pesquisada? É difícil encontrar respostas para essas perguntas. Como Rambo[8], eu ainda acredito nos ideais do sistema universitário e considero um lugar onde não apenas os alunos, mas todos devem ser capazes de explorar seu potencial e não apenas aprender coisas. **A universidade precisa ser um lugar de alegria, de potência!**

No final, que valor teremos enquanto acadêmicos, pesquisadores e educadores se permanecermos em silêncio e se formos capazes apenas de olhar para os outros, mas não de questionar o que fazemos? Que tipo de Educação (universitária) será essa?

Na vida há coisas que são inegociáveis. Elas são diferentes para cada pessoa, em cada contexto, em cada situação. Para mim, é fundamental poder investigar, questionar, aprofundar temas como aqueles aqui tratados

---

6   Graeber (2013, p. 190).

7   Rambo (2016, p. 6).

8   Rambo (2016).

de forma urgente e necessária. Portanto, a questão não está em se alguns temas devem ou não ser investigados devido ao risco, mas em como realizar essas investigações.

Uma preocupação ética que sempre carrego comigo é tentar, ao máximo, evitar danos a outras pessoas. Para preservar os sujeitos envolvidos, é possível usar várias técnicas de escrita para remover nomes, codificar identidades, lugares, instituições e outras informações. Criar, expandir e/ou reescrever cenas e passagens. Sem modificar o intuito e o objetivo do texto construído.

Há de se refletir a respeito do que precisamos fazer nas diferentes esferas de atuação. Aqui, em um livro, um produto científico-acadêmico-educacional, o foco não é fazer denúncias e nem atacar ninguém. Não se trata de atacar Fulano ou Beltrano, mas de discutirmos o que estamos construindo em contextos mais amplos a partir do que vivemos nas nossas relações acadêmicas. De trazer assuntos delicados, polêmicos e silenciados para a discussão educacional, científica e acadêmica. De falar verdades cara a cara com o poder. De estimular a inquietude e o abandono de zonas de conforto.

Providências em termos de denúncias, assim como tratativas legais e administrativas, são encaminhadas por meios das esferas apropriadas, sem prejuízos, mas sem se confundirem com a urgente e necessária discussão científico-acadêmico-educacional. Cada uma com suas peculiaridades.

Lembro-me de quando a banda Dixie Chicks começou a ser boicotada em 2003, e sofreu retaliações por vários anos (e até hoje sofre a partir de determinados grupos), porque uma integrante disse que não queria guerra e violência (contra o Iraque na ocasião) e tinha vergonha do então presidente dos EUA ser do Texas[9].

Coloco na balança os riscos de compartilhar histórias como as que apresento aqui, em contraposição aos benefícios que podem ser

---

9   Betsy (2014) e Moss (2020).

construídos por quem as lê. Penso no número substancial de acadêmicos que adoecem e/ou sofrem silenciosamente. Penso naqueles que desistem de seus sonhos e/ou consideram que há apenas uma única maneira de ser professor, aluno e/ou acadêmico.

Sem dúvida, algo que muito me motiva é a busca de caminhos e meios para pesquisar, explorar, divulgar, trazer à tona e discutir temas e assuntos que afetam a vida de muitas pessoas, mas que são, em muitos momentos, infelizmente, colocados sob o tapete, garantindo que o silêncio prevaleça, reforçando violências e arbitrariedades. Como disse brilhantemente o vencedor do Nobel Desmond Tutu, se você fica neutro em situações de injustiça, você escolhe o lado do opressor.

Precisamos nos questionar se - e em que medida - estamos sofrendo em silêncio[10] ou contribuindo para o sofrimento de outras pessoas por meio do nosso silêncio.

Precisamos estimular, na prática, a autonomia e a liberdade acadêmica para investigar, explorar, analisar, questionar, debater, trazer à tona e à luz temas e assuntos que afetam as vidas de muitas pessoas, mas que, infelizmente, na maior parte das vezes, são jogados para debaixo do tapete. Não como um fim, mas como um meio. Como uma ferramenta!

Desejo que reflitamos e discutamos mais sobre o que, cotidianamente, produzimos e estimulamos nas relações acadêmicas, no que naturalizamos e aceitamos, no que se passa nos bastidores das universidades. Só assim poderemos eventualmente construir formas diferentes de vivermos, trabalharmos e nos relacionarmos, na Academia e fora dela.

Precisamos debater mais essas coisas. Precisamos de mais investigações curiosas dedicadas às relações acadêmicas e aos valores, modos de ver, sentir, trabalhar e viver nelas construídos e/ou estimulados.

---

10 Robinson e Clardy (2010).

Fico cansado de ouvir, ver, viver e vivenciar coisas na Academia que produzem sofrimento em tantas pessoas e que raramente são discutidas. Um misto de cansaço, tristeza e revolta. Não naturalizo essas situações e nem pretendo naturalizá-las. Não vou me calar! Não podemos nos calar!

Precisamos estimular o novo. O autoral. O trabalho, autônomo, inventivo. Uma relação que despotencializa o ser humano em sua capacidade de inventar e construir caminhos estimula a produção de subjetividades submissas. O esforço reflexivo sobre nosso próprio comportamento pode nos ajudar a romper com o conformismo utilitário que dificulta a criatividade, a inovação, a invenção, a construção de formas, coisas e mundos diferentes. Ainda que os preços a pagar não sejam poucos ou pequenos, o pensamento crítico e contra o rebanho é fundamental para a construção de relações, ambientes e organizações mais saudáveis e justos. Algumas coisas me parecem fundamentais nesse caminho:

- reduzir a vontade de popularidade.

- abrir mão do desejo de agradar a tudo e a todos (e, na mesma linha, conviver bem com o desagrado de alguns em relação ao que você faz). É fundamental conviver bem com a solidão.

- desvincular a própria avaliação a respeito do que se faz da opinião alheia. É fundamental gostar de ouvir, mas uma escuta aberta e atenta, **em busca de críticas construtivas** e feedbacks, sem espaço para comentários destrutivos.

- desconstruir a ideia do perfeccionismo. É importante melhorar, mas não para sempre. O tempo é um recurso limitado. A nossa vida é limitada. E existem muitas coisas a serem vividas. Logo, o perfeccionismo e a ideia de melhoria contínua eterna são falácias que se transformam em autoprisões. A perfeição não existe. É uma ilusão e uma prisão.

- desconstruir o caráter supostamente natural de toda e qualquer hierarquia. Hierarquias não são naturais, mas construções humanas e sociais.

Não estou em guerra contra a Academia. Repito o que já disse anteriormente neste livro: não me sinto generalizando a universidade como algo ruim. Muito pelo contrário!

Quero universidades públicas, gratuitas e mais inclusivas, mais fortes. Justamente por reconhecer a sua importância enorme é que sinto a urgência que a Academia esteja nos holofotes e comece a ser mais pesquisada, refletida, criticada de maneira construtiva, voltada para sociedades mais igualitárias, justas, sustentáveis para todos. Para sociedades com pessoas mais alegres. E isso em muitos momentos começa nas nossas relações cotidianas.

Como podemos estimular a alegria a partir das nossas relações na Academia? O que podemos fazer de diferente para tornar a universidade um lugar de mais alegria, potência, invenção, igualdade, autonomia, onde as pessoas tenham vontade de construir e buscar sonhos? Os desafios estão postos.

Eu, sinceramente, não sei se são muitas as pessoas querem construir caminhos com mais autonomia, criatividade e inovação, em prol do bem comum e de mundos mais justos e igualitários. Mas esse é um desejo que eu nutro. Vendo o filme *Matrix Ressurections* e/ou lendo Nietzsche reforço aquilo que sinto diariamente nas relações cotidianas: é uma minoria que quer isso.

O conforto das certezas, o conforto do rebanho... isso tudo é muito sedutor. Remar contra a maré dá muito mais trabalho. E eu não quero, com este livro, advogar nada pra ninguém. Catequizar como alguém tem que agir ou o que alguém tem que desejar.

O que eu quero é uma universidade que seja um lugar que contribua com os sonhos e com o potencial das pessoas. Eu quero uma

universidade que incentive as potencialidades e que seja construída com dedicação, brilho nos olhos e, principalmente, com alegria! Que tenha relações com mais autonomia, liberdade, igualdade e respeito.

Para mim, o que faz sentido, ainda que dê mais trabalho, é tentar construir mudanças e atitudes pequenas, mas que são dissonantes do que aparenta como dominante hoje. Invenções simples na direção do que sonho e desejo. Pequenos passinhos. Um dia de cada vez. Movimentos capazes de trazer uma alegria maior pra mim e que, talvez, sejam capazes de contagiar mais alguém. De esperançar por mostrar que mesmo com pequenas atitudes, é possível romper com aquilo e aqueles que nos conformam e nos estimulam a ceder aos modelos estabelecidos e sugar nossas energias, nossa potência, nossa alegria. Para começar, apenas uma pessoa basta!

Para mim, o que faz sentido, ainda que dê mais trabalho, é buscar resistir e criar fissuras, brechas, linhas de fuga na direção de mundos mais justos, igualitários, solidários, democráticos, horizontais. Nos quais os seres humanos compreendam que somos todos interdependentes. Seres vivos, humanos e não humanos. Seres vivos e não vivos. Todos igualmente interdependentes e importantes.

Referências

ADAMS, Tony; HOLMAN JONES, Stacy; ELLIS, Carolyn. **Autoethnography.** New York: Oxford University Press, 2015.

ANTUNES, Rosângela Morais. **Eu... vítima de assédio moral.** Belo Horizonte: Literato, 2006.

BETSY, Giseli. **Dixie chicks e a tal liberdade de expressão.** 2014. Disponível em: http://lounge.obviousmag.org/de_dentro_da_cartola/2014/05/dixie-chicks-e-a-tal-liberdade-de-expressao.html. Acesso em: 15 nov 2021.

BOM SUCESSO, Edina de Paula. **Até quando?** Tortura psicológica e assédio moral no trabalho. Rio de Janeiro: Qualitymark Editora, 2012.

BOSS AC. Alguém me ouviu (mantém-te firme). Intérpretes: Boss AC e Mariza. In: BOSS AC. **Preto no branco.** Lisboa: Farol, 2009, CD, Faixa 9.

BOSSLE, Fabiano; MOLINA NETO, Vicente. No "olho do furacão": uma autoetnografia em uma escola da rede municipal de ensino de Porto Alegre. **Rev. Bras. Cienc. Esporte**, Campinas, v. 31, n. 1, p. 131-146, set 2009.

BOURDIEU, Pierre. **Para uma sociologia da ciência.** Lisboa: Setenta, 2006.

BRASIL. Lei n° 8112. Dispõe sobre o regime jurídico dos servidores públicos civis da União, das autarquias e das fundações públicas federais. Diário Oficial [da] República Federativa do Brasil. Brasília, DF, 11 dez. 1990. Disponível em: http://www.planalto.gov.br/ccivil_03/leis/L8112cons.htm. Acesso em 10 set 2018.

CANDIDO, Helena. **Assédio moral acidente laboral**. São Paulo: LTr, 2011.

CARVALHO, Alexandre Fiordi de; GALLO, Silvio. Do sedentarismo ao nomadismo: intervenções para pensar e agir de outros modos na educação. **Educação Temática Digital**, v. 12, n. 1, p. 280-302, 2010.

DELEUZE, Gilles. **Conversações**. São Paulo: Ed. 34, 1992.

DIVERSI, Marcelo; MOREIRA, Claudio. **Betweener talk**: decolonizing knowledge production, pedagogy, and praxis. Walnut Creek: Left Coast Press, 2009.

ELLIS, Carolyn. **Revision**: autoethnographic reflections on life and work. Walnut Creek: Left Coast Press, 2009.

EVANGELISTA, Simone Torres. **Trabalho docente na UFF: relações, saúde e produção de subjetividades**. 2017. 338 f. Tese (Doutorado em Educação) - Faculdade de Educação, Universidade Federal Fluminense, Niterói, 2017.

FERREIRA, Dina Maria Martins. **As vestimentas do rei**: o sujeito acadêmico. São Paulo: Miró Editorial, 2014.

FIGUEIREDO, Wagner Sant'Anna. **Assédio moral na escola pública**. Um problema de saúde numa visão libertária. Rio de Janeiro: Achiamé, 2006.

FOUCAULT, Michel. **La creación de modos de vida**. Estética, ética y hermenéutica. Barcelona: Paidós, 1999.

FOUCAULT, Michel. **Vigiar e punir**: nascimento da prisão. 30. ed. Petrópolis: Vozes, 2005.

FOUCAULT, Michel. **Isto não é um cachimbo**. 5. ed. Rio de Janeiro: Paz e Terra, 2008.

FREITAS, Maria Ester de; HELOANI, Roberto; BARRETO, Cravo. **Assédio moral no trabalho**. São Paulo: Cengage Learning, 2008.

GALVÃO, Vivianny. **Assédio moral**: mal-estar no trabalho. Maceió: EDUFAL, 2011.

GAMA, Fabiene. A autoetnografia como método criativo: experimentações com a esclerose múltipla. **Anuário Antropológico**, v. 45, n. 2, p. 188-208, 2020.

GRAEBER, D. The auto-ethnography that can never be and the activist's ethnography that might be. In: MENELEY, A.; YOUNG, D. J. (Eds.). **Auto-ethnographies**: the anthropology of academic practices. Ontario: University of Toronto Press, p. 189-202, 2013.

GUATTARI, Félix; ROLNIK, Suely. **Micropolítica**: cartografias do desejo. Petrópolis: Vozes, 2007.

HIRIGOYEN, Marie-France. **Mal-estar no trabalho**: redefinindo o assédio moral. 2. ed. Rio de Janeiro: Bertrand Brasil, 2005.

HOUAISS. **Dicionário eletrônico Houaiss da língua portuguesa**. Rio de Janeiro: Objetiva, 2009.

LARROSA, Jorge. **Pedagogia profana**: danças, piruetas e mascaradas. 5. ed. Belo Horizonte: Autêntica Editora, 2015.

MINASSA, Alexandre Pandolpho. **Assédio Moral no âmbito da Administração Pública**. Leme: Habermann, 2012.

MOSS, Gabrielle. **The Dixie Chicks Were Cancelled For Criticizing The President**. Now, They're Heroes. 2020. Disponível em: https://www.refinery29.com/en-us/dixie-chicks-cancelled-president-bush-controversy. Acesso em: 15 nov 2021.

NIETZSCHE, Friedrich Wilhelm. **Ecce Homo**. Como se chega a ser o que se é. Covilhã: LusoSofia press, 2008.

NIETZSCHE, Friedrich Wilhelm. **Assim falou Zaratustra**. Kindle edition. Textos para reflexão, 2013.

ONO, Fabrício Tetsuya Parreira. **A formação do formador de professores: uma pesquisa autoetnográfica na área de língua inglesa**. 2017. 156 f. Tese de Doutorado - Universidade de São Paulo, São Paulo, 2017.

RAMBO, Carol. Strange Accounts: Applying for the Department Chair Position and Writing Threats and Secrets "in Play". **Journal of Contemporary Ethnography**, v. 45, n. 1, p. 3–33, 2016. DOI: http://dx.doi.org/10.1177/0891241615611729.

RICHARDSON, Laurel. **Fields of play**: constructing an academic life. New Brunswick: Rutgers University Press, 1997.

ROBINSON, Cynthia Cole; CLARDY, Pauline (Orgs.). **Tedious Journeys**.

New York: Peter Lang, 2010. DOI: https://doi.org/10.3726/978-1-4539-0066-6.

ROLNIK, Suely. **Geopolítica da cafetinagem**. Núcleo de Estudos da Subjetividade, 2006a. Disponível em: http://www.pucsp.br/nucleodesubjetividade. Acesso em: 13 ago 2014.

ROLNIK, Suely. **Cartografia sentimental**: transformações contemporâneas do desejo. Porto Alegre: Sulina; Editora da UFRGS, 2006b.

THE MATRIX RESURRECTIONS. Direção: Lana Wachowski. 2021. (2h 28m).

THOMSON, Oliver. **A assustadora história da maldade**. São Paulo: Ediouro, 2002.

VALENTIM, Igor Vinicius Lima. **Economia Solidária em Portugal**: inspirações cartográficas. Rio de Janeiro: Compassos Coletivos, 2013.

VALENTIM, Igor Vinicius Lima. Cafetinagem acadêmica: alguém tem medo de pesquisar as relações acadêmicas? **Polêm!ca**, v. 16, p. 19-36, 2016. DOI: http://dx.doi.org/10.12957/polemica.2016.25200.

VALENTIM, Igor Vinicius Lima. Academic Pimping. In: PENSONEAU-CONWAY, Sandra L.; ADAMS, Tony E.; BOLEN, Derek M. (Orgs.). **Doing Autoethnography**. Rotterdam: SensePublishers, 2017, p. 173–185. DOI: http://dx.doi.org/10.1007/978-94-6351-158-2_18.

VALENTIM, Igor Vinicius Lima. Between Academic Pimping and Moral Harassment in Higher Education: an Autoethnography in a Brazilian Public University. **Journal of Academic Ethics**, v. 16, n. 2, p. 151–171, 2018a. DOI: http://dx.doi.org/10.1007/s10805-018-9300-y.

VALENTIM, Igor Vinicius Lima. Entre naturalizações e desassossegos: educando para tolerar o intolerável? **Revista on line de Política e Gestão Educacional**, v. 22, n. esp1, p. 265–279, 2018b. DOI: http://dx.doi.org/10.22633/rpge.v22.nesp1.2018.10794.

VALENTIM, Igor Vinicius Lima. **When money is not above everything**: other ways of working, generating income, and living. Rio de Janeiro: Compassos Coletivos, 2020.

VALENTIM, Igor Vinicius Lima; Moreira, Mariana Maia; Moreira,

GONÇALVES, Suziane de Oliveira dos Santos. **Metodologias ativas no ensino remoto**: uma autoetnografia. Rio de Janeiro: ComPassos Coletivos, 2021.

VAQUER, Jay. Cotidiano de um casal feliz. In: VAQUER, Jay. **Você não me conhece**. Rio de Janeiro: EMI Brasil, 2005, CD, Faixa 3.

VEIGA-NETO, Alfredo; LOPES, Maura Corcini. Há teoria e método em Michel Foucault? Implicações educacionais. In: CLARETO, Sônia Maria; FERRARI, Anderson (Orgs.). **Foucault, Deleuze e Educação**. Juiz de Fora: Ed. UFJF, 2010, p. 33-47.

VERSIANI, Daniela Beccaccia. **Autoetnografias**: conceitos alternativos em construção. Rio de Janeiro: 7Letras, 2005.

Índice Remissivo

A

academia 13-15, 17-20, 24, 39, 44, 50-51, 62, 93-98, 100-102

acadêmica 13-14, 19, 25, 35, 37-42, 44-46, 50, 65, 81, 83-88, 90, 99-100

acadêmico 13, 17, 25, 33, 36, 38-39, 42, 46-49, 51, 67, 72, 83, 93, 96, 99-100

acidente 59

ações 14, 33, 72, 74, 84

acontecimentos 61

acordo 37, 42-43, 70, 84-85

administrativas 58, 63, 99

admiração 38

admissão 37-38

adoração 38

adrenalina 55, 87

afastamento 77-78

afetações 29, 32

agressividade 71

agressões 71

alegria 24, 47, 58, 61, 98, 102-103

alma 54, 96

alocação 67-68

alunos 57, 73, 75, 98

ambiente 71, 74, 78, 90

análise 20, 23, 30

angústia 54

anseios 64

apoio 40, 71

apresentações 25, 41

aprisionados 50

área 17, 19, 21, 24, 46

arena 43, 94

artigo 13, 20-25, 49

asfixia 50

aspirante 40, 83-84

assediado 72, 74, 76, 89

assediador 65-66, 76, 84

assédio 13-14, 19, 25, 64-65, 72-76, 78, 81, 84-86, 88-90

atenção 20-21, 62

atividade 64, 68, 73

aulas 55-57, 63, 66, 70, 73, 96

autocríticas 17, 19

autoestima 71, 76

autoetnografia 13, 25, 27, 29-33, 38, 98

autonomia 47-48, 87, 90, 94-95, 100, 102-103

autônomo 47, 50, 101

autor 22-23, 41, 45, 51

autoral 50, 101

autores 30, 32, 65

autoritarismo 79

avaliação 22, 24-25, 101

aventura 13, 19

B

banalização 71

bastidores 20, 85, 90, 96, 100

batalhas 94

benefícios 85, 87, 99

benesses 83, 88

brechas 33, 93, 103

C

cafetinagem 13-14, 19, 25, 35, 37-40, 42, 44-46, 50, 81, 83-86, 88, 90

caminhos 39, 48, 50, 93, 100-102

campus 55, 70, 75

cansaço 45, 55, 101

caprichos 43

caráter 17, 32, 76, 85, 101

cenas 13, 29-33, 53, 99

chefe 55-56, 58-60, 62-64, 66-70, 72-73, 78, 88

chefia 41, 60, 62-66, 71, 79, 88

chegada 58, 60, 63

ciência 18, 39, 45, 64, 66, 78, 97

coautor 41-42, 45

coincidência 14, 72-73, 75, 97

colegas 18-19, 41, 43, 60, 71-73, 86, 89, 94

competição 19, 94

comportamento 65, 73, 76, 84-85, 87, 101

compreensão 79

concurso 49, 57-58, 69

condutas 74-76, 90

conformismo 101

conforto 30, 54, 97, 99, 102

confusão 37

conhecimento 21, 69

consciência 17, 90

consequências 87-88, 90, 93

contradições 94

contrato 59, 64

controle 56, 65, 75, 84-85, 88

convocação 65

coordenação 60, 63

coordenadora 55, 58-59, 62-63, 70, 76, 78

cotidiano 13, 17, 19, 25, 39, 44, 57, 83

credibilidade 41-42

crenças 17-18

criação 37-38, 44-45, 49

criatividade 90, 101-102

critérios 71

culpa 19, 89

curso 55, 58-60, 62-63, 67, 69-70, 76, 78

D

decepções 94

decisão 68, 70

dedicação 58, 103

denúncias 99

departamento 41, 48, 55, 58-73, 78, 88, 93

desassossegos 33

desconstruir 101

desejo 37, 39, 43-46, 50, 83-85, 88, 95-96, 100-103

desenvolvimento 95-96

desgosto 42

desnaturalizar 13, 19, 25, 87

diálogos 29

dificuldades 17, 74

direção 44, 55-56, 60, 79, 93, 97, 103

disciplina 50, 65, 72

disciplinas 29, 33, 40, 43, 55, 58, 67-70, 78, 86, 88

discussão 20, 24, 75, 90, 99

disputas 19, 68, 94

distribuição 67-68

docente 59, 67, 71

E

educação 18, 21, 24-25, 43-44, 48, 50, 59, 68-69, 95, 97-98

educacional 79, 99

educadores 18, 98

efêmeras 29, 83

eleição 60

e-mail 21, 55-57, 63, 65, 67-71, 74-75, 78

empatia 59, 65

emprego 58, 74

empresas 93-94

encontros 32, 73

ensino 72, 96

episódios 57, 62, 75, 89

equidade 94

escola 94

escravos 48, 82, 92

escrita 29, 63, 99

esperança 37, 43, 47, 83

estabilidade 58

estilos 30, 38

estímulos 47-48

estratégias 14, 85, 87

estudantes 56, 58, 63, 68-70, 95

ética 90, 99

ético-estético-político 33

exercício 29, 93

exigências 83

existência 30, 38

exoneração 67

expectativa 37, 85

experiências 20, 29-30, 32, 58, 68, 94

experimental 37

forças 37-38, 40, 43-44, 54, 56, 65, 88

fragilidade 66

funcionário 58, 63-64, 66, 74

G

gatekeepers 17

generalização 17, 19, 29, 83

geopolítica 37

governo 19

grade 68-70

graduação 40, 49, 55, 67-68, 72, 76, 88, 93

guerra 99, 102

F

falácias 101

feitiço 37-38

ferramenta 88, 100

fissuras 103

H

hierarquia 64, 102

hipocrisia 84

histórias 13, 29, 31-33, 98-99

horários 68-72, 86

I

ideais 48, 50-51, 95, 97-98

idealização 37-38, 85

identidades 83, 99

identificação 38, 43, 90

idolatrias 13, 25

ídolos 43-44

igualdade 94-95, 102-103

igualitárias 19, 25, 87, 95-96, 102

ilusão 94, 101

imagens 38, 43, 46-51, 83, 90, 96

incertezas 29, 33

individualismo 94

injustiça 100

inovações 94

inquietações 33

inquietude 99

insistência 76

inspiração 13, 37

institucionalidade 59, 79

instituição 58-60, 79, 83, 96

intenção 18, 42, 76, 86, 97

interesse 17, 63

intolerável 50, 87

invenção 38, 44-45, 49, 90, 101-102

J

jeitinho 61

justiça 95

justificativa 23, 69

justificativas 43

L

liberdade 87, 95, 97, 100, 103

M

manifestações 17

manobra 61

manuscrito 23, 98

marionete 61

maus-tratos 76

mestrado 41, 48-49, 94

método 13, 17, 20-21, 23, 25, 29-31, 39, 41, 48

motivação 23

mudanças 25, 69-71, 90, 93, 103

mundos 14, 29-30, 37-38, 40, 44, 46-47, 51, 83-84, 88, 96-97, 101-103

N

narrativas 31-32, 72

naturalização 85, 88, 90

NDE 59, 67

negacionistas 18, 97

negociatas 87

neoliberalismo 19

neutralidade 30-31

O

obediência 84

objetivo 13, 19, 25, 33, 64, 99

objetivos 21, 33, 36, 39, 48, 85

oponentes 73

opressor 100

organização 11, 18-19, 64, 84, 90, 94-95, 97

organizações 78, 94, 101

orientador 41-42, 45, 49

P

pareceres 22-23

passividade 89

paz 79

pedágios 86

pensamento 50, 87, 94, 101

perfeccionismo 101

perguntas 21, 32, 46-49, 98

perícia 77

perigo 74

periódico 21-24, 49

período 68, 70, 72, 76

pesquisa 29, 31-32, 36, 40, 42-43, 48-49, 58, 63, 69

pessoas 13, 18, 20, 33, 41, 48-50, 57, 59, 63-64, 73, 79, 86-87, 89, 94, 97-102

poder 17, 19, 37, 50, 61, 64-65, 68, 74, 78, 84, 98-99

polêmicos 17, 20-21, 67, 98-99

política 29, 37, 68

popularidade 19, 93, 101

Pós-Graduação 40, 49, 68, 88

possibilidade 31, 50, 68, 87, 89, 98

potência 45, 98, 102-103

práticas 18, 88, 90, 93, 95, 97

preocupação 31, 33, 59, 69, 86, 99

presença 56-57, 64

prestígio 17, 19, 37, 49

prisão 101

probatório 49, 58

problemas 48-49, 57, 86, 88-89

problematizar 13, 19-20, 25

produção 30-33, 38-39, 101

produtividade 49, 51, 74

professor 17, 40, 46, 48-51, 55, 57, 60, 63, 65, 67-71, 78, 88, 100

professores 41, 46, 59-60, 67-69, 71

projetos 43, 49, 58, 64, 68-69, 95-96

propósito 32

públicas 13, 17, 25, 29, 57, 60, 67-68, 74, 87, 95, 97, 102

Q

qualidade 30-33, 39, 49, 68-69

quartel 63, 65

queixa 63

questão 17, 31, 33, 37, 39, 64, 99

questionamento 33, 49, 84, 96

R

razão 66, 69

rebanho 97, 101-102

rebelde 88

reconhecimento 19, 37-38, 41, 43, 46, 49, 83

regulamentos 59, 83

Reitoria 44, 78

rejeição 23

relação 17, 21, 31-32, 37, 47, 50, 66, 71-72, 83-84, 88, 101

relações 13, 17-21, 24-25, 33, 39, 41-42, 44-45, 47, 49, 51, 65, 68, 78, 83-85, 87, 93, 95-97, 99-103

religião 83

repetição 19, 44-45

reprodução 19

reputação 25

resistências 93

respeito 13, 17, 19-20, 25, 30, 37, 39-40, 46, 48, 50, 59-60, 67-68, 71, 75, 96-97, 99, 101, 103

responsabilidades 19, 90, 93

retaliações 40, 99

reunião 60, 62-64, 66

revista 20-22, 24-25

revolta 54, 101

risco 18, 50, 90, 99

Rolnik 37-38, 43, 50, 88

rupturas 33, 93

S

sacrifício 73

sagrado 44

satisfação 43, 58, 62

saúde 20, 33, 79, 87, 89

sedução 37-38, 40, 42, 50, 83, 85-86, 88, 90, 93

sedutor 37-38, 40, 42-43, 49, 83, 85, 102

sedutores 37, 43-44, 47, 51, 83-87

seduzido 37-38, 42-43, 49, 83, 85, 88

seguidores 50, 83

semelhança 14, 31-32, 72

sensação 56, 93

sensibilidade 59, 65, 76

sentidos 38, 79

sentimentos 29, 76

silêncio 54, 87, 89, 98, 100

silêncios 13, 20, 32

singularidade 79

síntese 22-23

sintoma 89

sociedade 17-18, 39, 69, 90, 94-95

sociedades 25, 29, 95-96, 102

sofrimento 79, 100-101

solidão 72, 101

solidariedade 95

sonhos 90, 94, 100, 102

sorriso 42, 54

status 19, 65, 85, 90

subjetivação 30, 38

subjetividade 30, 33, 38

subjetividades 20, 30, 33, 38-39, 44, 86, 95, 101

sucesso 36, 38-39, 42-43, 46-48, 50-51, 72, 75-76, 83, 85, 87, 90, 93, 96-97

sujeição 88

T

tabus 90, 97

teoria 23, 69, 84

trabalho 20, 33, 39, 41-42, 45, 57, 59, 61, 63-64, 66, 68-69, 71-75, 77, 79, 84, 89-90, 97, 101-103

trajetória 23, 38

transparência 24

traumas 29

tristeza 54, 101

trocas 69

turmas 56, 67-68, 70, 75

Tutu 100

U

universidade 19-21, 24, 33, 39, 41-42, 46, 48-49, 57-59, 63, 69, 72-73, 75-77, 83, 94-98, 102-103

utilitarismo 88

V

vacinas 18, 95

vaidades 19, 93

validação 31-32

valores 17-18, 24, 30, 38, 47, 49-50, 85, 88, 94-95, 97, 100

velocidade 55

veneração 85

veracidade 31-32

vergonha 99

verídico 31

verossímil 13, 31

verossimilhança 31-32

vespeiro 40

vida 14, 17, 30, 32, 38, 40, 44, 46, 63, 76, 86-87, 98, 100

vingança 76

violência 42, 67, 85, 89-90, 99

visibilidade 41

vítima 66, 76, 89

vontade 21, 38, 43, 58, 61-62, 71, 85, 88-89, 101-102

Sobre o autor

Igor Vinicius Lima Valentim

Nasci no Rio de Janeiro e sempre adorei viver uma vida quase nômade. As histórias das pessoas me fascinam. Morei em lugares como Porto Alegre, Balneário Camboriú, Itajaí, Criciúma, Ribeirão Preto, Itapiranga, Lisboa (Portugal) e na ilha de São Miguel, no meio do oceano atlântico, no arquipélago dos Açores.

Precisamos ter alegria nas coisas que fazemos e vivemos. Atualmente trabalho como professor associado na Universidade Federal do Rio de Janeiro e no Programa de Pós-Graduação em Educação da Universidade Federal Fluminense.

Encantam-me temas polêmicos, pouco discutidos, jogados para debaixo do tapete ou deixados nos bastidores. Alguns assuntos com os quais tenho trabalhado: poder, curiosidade, pesquisa qualitativa, autoetnografia, cartografia, educação, universidade, subjetividade e confiança. Você também pode me achar no Youtube Experiências e Epifanias e na plataforma Medium. E-mail: valentim@gmail.com

Anteriormente, escrevi **Residência Solidária UFRGS: vivência de universitários com o desenvolvimento de uma tecnologia social** (Editora da UFRGS), **Economia Solidária em Portugal: inspirações cartográficas**, **When money is not above everything: other ways of working, generating income, and living** e **Metodologias ativas no ensino remoto: uma autoetnografia** (Editora Compassos Coletivos).

Made in the USA
Monee, IL
04 May 2026

49438574R20072